Esoterik
Band 2

Kunst und Magie mit edlen Kristallen

**Channelbotschaften zu ihrer Wirkung
auf Körper, Seele und Geist**

**Von Edelsteinen lernen:
Kristallstäbe und Orgonstäbe
Edelsteine in Kunst, Magie, Numerologie und Tarot**

**D. Harald Alke
Kyborg Institut**

ISBN 3 - 924722 - 47 - 1

Hinweis:
Die Gedanken und Produkte aus dem Kyborg Institut
entsprechen nicht dem naturwissenschaftlich - technischen
Weltverständnis, sondern sie gehen darüber hinaus. Mit diesen
Methoden, Ansichten und Kunstobjekten kehren wir zurück zur
alchimistischen und schamanistischen Weltanschauung, die
ebenfalls versuchte, das Wirken Gottes in Allem zu sehen. Wer
mit unseren Methoden und Geräten arbeiten möchte, sollte
bereit sein, neue Wege zu beschreiten. Nur so können wir neue
Ziele definieren und erreichen. Wenn Sie die Arbeit mit diesen
Methoden näher kennenlernen möchten, fragen Sie nach den
Büchern von D. Harald Alke, z. B. "Esoterik Band 1" und
"Botschaften aus dem Licht - Gespräche mit Lichtwesenheiten".

Achtung:
Die Beschäftigung mit diesem Wissen könnte Ihr Bewußtsein
erweitern. Der Autor übernimmt keinerlei Haftung für ungewollte,
unerwartete oder unbeschreibliche Folgen, die aus der
Beschäftigung mit diesem Buch entstehen mögen. Der Leser
wird hiermit aufgefordert, selbst die Verantwortung für sein
Leben zu übernehmen. Der Autor wendet dieses Wissen seit 25
Jahren konsequent an. Er befindet sich bei bester Gesundheit.
Die Kunst der Schamanen, Magier und Alchimisten bewegt sich
jenseits des rationalbürokratischen Horizonts von Medizin und
"Naturwissenschaft". Glauben Sie mir nichts. Probieren Sie es
aus.

Definition:
"Kunst ist das Können, etwas zu schaffen, was ein anderer nicht
kann. Kunst ist auch, sichtbar zu machen, was ohne das
Sichtbarmachen nicht sichtbar wäre." Paul Klee, Maler
"Kunst ist etwas, das wir kennen, uns aber verborgen ist,
erkennbar machen." Gerd Lichtenauer, Patentingenieur

Der geheimnisvollste Stein der Menschheit

San Juan de la Peña:
In diesem im Fels
verborgenen Kloster in
den spanischen Pyrenäen
wurde im Mittelalter,
nach dem Ende der
Kreuzzüge gegen die
Katharer, der vielleicht
geheimnisvollste
Stein der Menschheit,
der heilige Gral, für
längere Zeit aufbewahrt.
Beim Gral handelte
es sich nach der
Überlieferung um einen
großen grünen Kelch,
der aus einem Edelstein
geschnitten war,
vielleicht ein Smaragd,
vielleicht ein Chrysopras.
Er fiel vom Himmel, als
die Götter sich stritten.
Er hatte Wunderkräfte,
spendete Nahrung,
Heilung und Wissen.

Definition:
"Magie ist eine sehr weit
fortgeschrittene Techno-
logie, die die Naturge-
setze in einer uns bisher
nicht zugänglichen Art
anwendet." A. C. Clarke,
Naturwissenschaftler

Magie und Wirkung edler Steine
Channelbotschaften von Horus

In den vergangenen Jahren hat die Esoterik mit allen angrenzenden Gebieten eine neue Blüte erreicht. Die heute lebenden Menschen sind zwar meistens kopflastig erzogen, doch sind sehr viele von uns ebenfalls sensitiv veranlagt, vielleicht sogar mehr als andere Generationen vor uns. Wenn es uns gelingt, die positiven Aspekte eines klaren Verstandes mit der neu erwachten Sensitivität zu kombinieren, dann werden wir sicher Wege finden, um unser Leben weiterhin positiv zu gestalten. Umbruchzeiten wie gerade heute verunsichern viele Menschen, und sie bieten zugleich große Chancen. Mit dem vorliegenden Buch möchte ich durch die Hilfestellungen von Lichtwesenheiten gewonnene Einblicke in die Funktion und den Nutzen edler Kristalle mitteilen. Schon immer wußten Schamanen und Magier um den Nutzen edler Kristalle. Naturmenschen wissen, daß wir die Macht haben, durch unseren Geist Edelsteine zu programmieren. Sie nehmen unsere Gedanken auf. Wir können Kristalle sichtbar verändern! Wenn wir krank sind, tauchen z.B. in unserem Bergkristall Trübungen auf. In vielen Bereichen des Lebens laufen die Bemühungen der Techniker und der Esoteriker parallel. So auch bei den Kristallen. Die Techniker sehen große Chancen für technische Programmierungen von Kristallen, z.B. als Datenspeicher, und sie verwenden Kristalle beispielsweise in der Lasertechnik.

Sensitive Menschen erkennen besser als jeder andere die sanften und zum Teil sogar heftigen Wechselwirkungen von Kristallen auf unseren Körper, Seele und Geist. Schamanen, Magier und Alchimisten wissen, daß wir durch unseren Geist die Natur verändern und programmieren können. Unser eigener Geist ist die Quelle dieser Welt. Gott ist in uns, und er wirkt durch uns. Wenn Sie einmal ein Experiment in dieser Art machen möchten, setzen Sie sich mit ein paar Freunden zusammen, jeder bekommt einen Kristall, und dann praktizieren Sie gemeinsam ein intensives Ritual. Ebenso können Sie gemeinsam intensiv Energytraining (Kundalini Yoga) oder Tantra praktizieren. Bevor Sie beginnen, konzentrieren Sie sich darauf, daß Sie in Ihrem Stein einen Ausdruck der geistigen Kräfte finden möchten! Tragen Sie den Stein während der Übungen am Körper. Beenden Sie Ihre Übungen mit einer Meditation. Betrachten Sie Ihren Stein vorher ganz genau! Prägen Sie sich jede Maserung ein, jeden Fleck. Hinterher betrachten Sie wiederum aufmerksam Ihren Stein. Es braucht nicht besonders viel Energie, nur die richtige innere Haltung, und die verwendeten Steine werden irgendeine neue Eigenart zeigen. Magie beginnt zu wirken!

Als ich vor vielen Jahren einmal mit einer Gruppe eine derartige Übung praktizierte, nachdem wir uns einige Tage lang gut kennengelernt und gemeinsam Kundalini Yoga praktiziert hatten, erschien später bei jedem eine Veränderung, ganz gleich was für einen Kristall sich die Beteiligten ausgesucht hatten. In meinem eigenen Stein, einem kleinen, dunkelgrünen Moosachat, erschienen 7 rote Punkte, einer für jeden Teilnehmer! Nach so einer schönen Erfahrung brauchen wir niemanden mehr zu überzeugen und keine langen Erklärungen. Probieren Sie es aus!

Im Folgenden finden Sie meine Erfahrungen aus vielen Jahren spiritueller Arbeit mit den Methoden der Eingeweihten, sowie die gechannelten Impressionen zur Wirkung der edlen Kristalle. Die meisten Mitteilungen sind in der Arbeit mit Horus zustande gekommen, einige weitere Botschaften stammen von Jupither und Junow. Das sind 3 Lichtwesenheiten, die schon seit Jahrtausenden die Geschicke der Menschheit stimulieren und überwachen.

In der alten ägyptischen Zeit traten Jupither und Junow als Osiris und Isis in Erscheinung, zusammen mit ihrem Sohn Horus. In der römischen Zeit nahmen sie die Namen Jupiter und Juno an, doch im Grunde genommen sind es stets die gleichen Lichtwesenheiten gewesen, die sich immer wieder um unsere Entwicklung kümmern. Es fällt auf, daß diese Dreiheit von Gott Vater, Muttergottheit und Sohn auch von den Christen übernommen wurde (Gott Vater, Mutter Maria, Jesus) und ebenso in anderen Religionen zu finden ist. Wenn wir bereit sind, die Existenz göttlicher Wesen zu akzeptieren und ebenso die Tatsache, daß wir uns willentlich mit ihnen in Verbindung setzen können (oder unwillig davon isolieren, indem wir nicht mehr hinhören wollen!), dann wird unser Leben in Verbundenheit mit den Göttern wesentlich farbiger, klarer und schöner. Neue Kraft fließt durch uns und ein neues Verständnis der Welt ergreift uns.

Wenn Du den Göttern nahe kommen willst, dann greife nach dem Kundalini Yoga und der Magie. Es ist ein langer Weg, doch um nichts in der Welt möchte ich die Erfahrungen missen, die mir in diesem Leben zuteil wurden. Diese Welt ist magisch, und Du bist ein Teil davon.

Die Schwingungen der edlen Kristalle sind ein faszinierender Einstieg in die Welt der Magie. Zuerst findest Du sie einfach nur schön. Aber nicht alle, oder? Warum nicht? Plötzlich fühlst Du die Unterschiede. Vertraue Deinem Gefühl! Einen willst Du unbedingt haben, der andere ist Dir egal. Warum? Horche in Dich hinein. Wo kommen diese Regungen her? Warum sind Frauen so wild hinter Schmuck her? Nur als Kompliment, oder um Trophäen von ihren Männern zu sammeln? Da wird regelmäßig mehr Geld für diese Dinge ausgegeben, als sie wert sind, oder lohnt es sich doch? Für den Unwissenden sind Edelsteine, Schmuck und magische Instrumente überflüssig und nutzlos. Für den Magier sind manche Kristalle und Zepter einfach unbezahlbar. Der Begriff der Magie steckt noch in unserem Wort "I Magi Nation" und bedeutet: "Aus dem Ich durch Vorstellung etwas schaffen (gebären)". Natürlich kann man alles auch ganz anders sehen. Was ist schon real? Du und ich. Tauchen wir ein in die Welt der Magie! Das Ziel der Magie ist es, die Welt zu begreifen und zu meistern. Das geht nur über den Weg der Selbsterkenntnis. Das Universum lebt, und Du bist ein Teil von Gott. Wenn Du das akzeptierst, beginnt die Allmacht durch Dich zu wirken.

1 Achat

Körperlich hütet er Deine Integrität. Er macht Dich
widerstandsfähig gegen feindliche Gedanken. Er beschützt
den Träger, stärkt das Herz und gibt uns neuen Mut. Ein guter
Stein am Anfang des Weges, damit Du die Herausforderung
bestehst, auf die Du Dich eingelassen hast. Er dynamisiert die
Schwingung der Energiepyramiden.
Achat ist ein Stein für verletzte Seelen, die neuen Mut fassen
müssen. Und verletzt wurden wir ja irgendwann alle schon
einmal. Er gibt Dir den Mut und die Festigkeit, um nach außen
Deine Interessen zu vertreten. Lege ihn unters Bett um ruhig
zu schlafen, oder halte einen kleinen Achat-Kristallstab beim
Einschlafen in der Hand fest. Er beschützt den Träger gegen
Übermut, macht ihn ernst und ausgeglichen.
Geistig schafft er Ruhe im Gehirn und ermöglicht eine neue
Ordnung ohne Streß. Er schärft das Sehvermögen und
erleuchtet den Geist. Er gibt Halt in schweren Zeiten und
schützt den Träger. Ein großer Kristallstab mit Achat ist genau
das richtige Zepter für den jungen Adepten. Er gibt Dir
Konzentration, Schutz vor Störungen und hält Dich auf
Deinem Weg.
Planet: Mars, Numerologie: 9, Tarot: Der Magier, Nr. 1.

2 Bänderachat

Bänderachat ist eine Sonderform des Achat mit vielen kleinen Ringen, Schleifen und Schichten. Die vielfältigen Farbschattierungen des Achat sind hier innig in harmonischer Weise vermischt.

Für ihn gilt das Gleiche wie für Achat, jedoch wirkt er durch die spezielle Ringbildung sanfter, gefühlvoller und weicher. Durch seine spezielle Formation scheinen wir in seinem Einflußbereich eher in uns geschlossen und harmonisch zu werden, weniger straff nach außen gerichtet wie beim einfachen Achat.

Seine unzähligen farblichen Abstufungen von braunen und grauen Pastellfarben zeigen uns die reiche Vielfalt der Natur. So regt er unsere Gefühle und unsere Phantasie an. Obwohl es sich um einen sehr harten Stein handelt, wirkt er weich und gefühlvoll. Während der einfache Achat eher zum Zepter für Männer taugt, ist dieser hier für Frauen gut geeignet. Wenn Du eine gute Medizinfrau werden willst, trage ihn bei Dir. Männern nimmt er das Macho-Benehmen und hilft ihnen, Gefühle besser anzunehmen und zu geben. Er läßt Dich reifen und die Frauen besser verstehen. Planet Mars, Numerologie 9, für Frauen Tarot Nr. 1, für Männer schon Tarot Nr. 2, die Magierin.

3 Amethyst

Er wirkt bedrängend wie eine strenge Mutter. Ordne Dein
Leben, Deine Gesundheit, Deine Ernährung! Er unterstützt die
Durchblutung. Auf die Seele wirkt er aufrüttelnd wie ein
unangenehmes Ereignis und zwingt Dich zum Nachdenken
über Deine Gefühle. In der Energiepyramide ist er ein unüber-
troffenes Instrument für Therapiezentren und für Rückführungen. Dieser Kristall sollte in der heutigen, hektischen Welt
besonders geachtet werden, denn er heilt im Schlaf, fördert
die Meditation und ist so unschätzbar zur Heilung und zum
Trost jener, die unter Streß oder psychosomatischen Krankheiten leiden. Wenn der Geist begreift, welche Chance er
damit bekommt, entsteht eine große Freiheit. Er aktiviert das
3. Auge bei jedem der die Achse der Energiepyramide an-
schaut oder anfaßt. Er aktiviert unsere "Innenschau" und kann
unsere PSI-Fähigkeiten wecken. Das führt zu neuen Einsichten in Deine Lebensaufgaben und zu Rückerinnerungen an
frühere Inkarnationen. Er ist dem Saturn zugeordnet, denn er
hilft Dir, die göttlichen Gebote auf Erden zu vermitteln, Zahl 8.
Für Magier und Schamanen ein unschätzbarer Kristall! Tarot
Nr. 2, die Hohepriesterin und Nr. 8, ausgleichende Gerechtigkeit, Aufhebung Deines Karma aus früheren Inkarnationen,
und Karte 17, die Sterne, kosmische Energie fließt durch Dich!

4 Apatit, Neon Apatit

Der klare und durchscheinende Neonapatit im Foto ist dem undurchsichtigen vorzuziehen. In ihrer Wirkung sind sie sich jedoch ähnlich. Der dunkle Apatit taucht vielleicht noch tiefer in den Untergrund Deiner Seele ein, während der helle und durchscheinende Neonapatit noch besser geeignet ist, Dir den ersehnten Durchblick zu verschaffen. Apatit berührt unangenehme Seiten in Deiner Seele. Er deckt Spannungsfelder auf. Nutze ihn, um Erkenntnisprozesse anzuregen. Er ist gut für die Therapie mit verklemmten Menschen.
Bei einer Edelsteintherapie sollte er vorsichtig auf das 5. Chakra gelegt werden. Es befindet sich an der Drosselgrube, zwischen den beiden Schlüsselbeinen am Hals. Hier kann er am Besten seine Wirkung entfalten.
Besonders intensiv wird seine Wirkung, wenn Du einen großen Kristallstab längst in die Mitte Deiner Brust legst und einen einzelnen schönen Amethyst auf Dein 3. Auge, also auf die Mitte der Stirn. Das weckt Deinen Sinn für die Welt der Magie. Es ist bereits ein Ritual. Nutze es gut!
Planet Uranus, Zahl 4, revolutionäre Veränderungen sind möglich, Tarot: Karte 5, der Hohepriester, geistige Beratung, vielleicht sogar geistige Öffnung und mediale Botschaften.

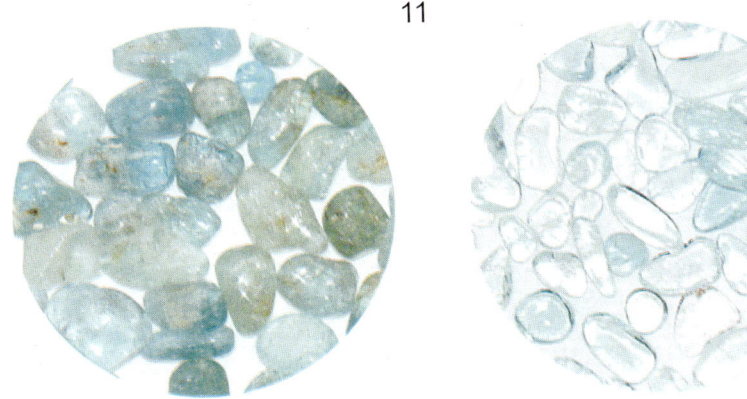

5 Aquamarin

Der Körper wird geflutet mit einer sehr hohen Frequenz, die neue Strukturen wachsen läßt. Die alte Härte wird ersetzt durch eine neue Weichheit, in der sich etwas Neues entwickeln kann. Seine Schwingung befreit die Seele aus alten karmischen Verstrickungen. Ängste lösen sich und Du gewinnst eine neue Reinheit der Seele. Er ist sehr gut zur Heilung der Gefühle!
Für eine Edelsteintherapie halte Dir zwei kleine Kristallstäbe mit Aquamarin rechts und links an die Schläfen. Übe leicht und rhythmisch Druck auf die Schläfen aus. Hier wirkt Aquamarin am Besten. Rhythmischer Druck auf beide Schläfen ist eine Übung aus dem Energytraining (vom Kundalini Yoga). Diese Übung hilft uns, unbewußte negative Programmierungen (Engramme) aus unserem Instinktbereich zu überwinden, alte Blockaden und alte Ängste.
Geistig ist er sehr durchdringend, verhindert jedoch die Einflußnahme auf andere Menschen, also besteht kein Risiko der negativen Beeinflussung von Patienten. Für den jungen Magus bedeutet er Schutz durch befreiende Erkenntnis.
Planet Venus, Numerologie Zahl 6, Tarot: Karte 7, der Wagen, die Götter werden Dich beschützen!

6 Aventurin

Aventurin vor der Brust getragen schützt vor negativen
Einflüssen. Aventurin als Ring macht Dich intuitiv. Ein
Kristallstab mit Aventurin ist gut für Frauen und alle Heiler, die
mit ihren guten Taten Gott zelebrieren. Gut, daß es ihn gibt!
Der besonderen Schwingung des Aventurin wäre es am
besten angepaßt, aus diesem edlen Stein flache, rechteckige
Plättchen zu schneiden und daraus Armbänder und Ketten zu
formen. Als Armband trage ihn am linken Arm.

Er ist nicht allein für den Geist. Er ist ein wunderbarer Stein für
die Seele. Er hat eine tiefe, die Intuition fördernde Wirkung.
Liebe Dein Leben so wie Gott Dich liebt! Das ist seine
Aussage. Er heilt alte Leiden, die Deine Seele und Dein Herz
belasten, ohne Dich zu überfordern.

Er läßt Dich zwischen die Dinge schauen, die Geheimnisse
erkennen, die Hintergründe, die wahren Ursachen. Du
brauchst ein wenig Ruhe, um ihn richtig zu erfühlen, um Dich
geistig damit zu verbinden. Dann jedoch wird Dir "ein Licht
aufgehen"! Er ist den Planeten Venus und Neptun verbunden,
Zahlen 6 und 7, Tarot Karten 7 (der Wagen, Schutz) und 9 (der
Eremit, die erweiterte Suche).

 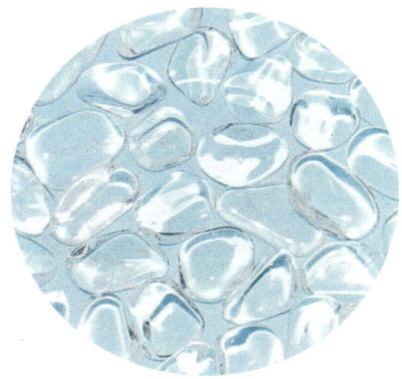

7 Bergkristall

Körperlich wirkt er beruhigend und kühl. Du findest Ruhe,
kannst Dich erholen, der Streß weicht. Er fördert den Gehirn-
stoffwechsel. Er macht uns fest und stark, stabilisiert das Herz,
den Energiehaushalt und hilft so gegen Gleichgewichtsstörun-
gen. Auf die Seele wirkt er aufrüttelnd, denn die Seele dreht
sich oft im Kreis. Löse Dich von verwirrenden Emotionen!
Dem Geist wird Zielgerichtetheit vermittelt! Konzentriere Dich
auf das, was wirklich für Deine weitere Lebensentwicklung von
Bedeutung ist. Der Bergkristall läuft in Dreiecken aus und
arbeitet mit der Kraft des Lichtäthers. Er steigert die intuitive
Einsicht, fördert klares Denken und hilft Angst zu überwinden.
Fahre mit einem Heilstab aus Bergkristall über die Meridiane
und benutze sie zur Anregung der Massage- und Akupunktur-
punkte. Richte die Spitze auf einen blockierten Meridian,
unterhalb der Blockade, und dann fahre sanft darauf entlang,
übe auf einer Blockade leichten Druck aus (Akupressur), dann
fahre weiter den Meridian entlang. Achte darauf, daß die
Heilstäbe in der natürlichen Wuchsrichtung des Bergkristalls
geschnitten und geschliffen wurden. Sonst ist der Stab nichts
wert. Du kannst es fühlen, ob die Energie richtig fließt. Nimm
den Stab in die rechte Hand und richte ihn mit der Spitze auf
einen bestimmten Akupunkturpunkt, den Du kennst.

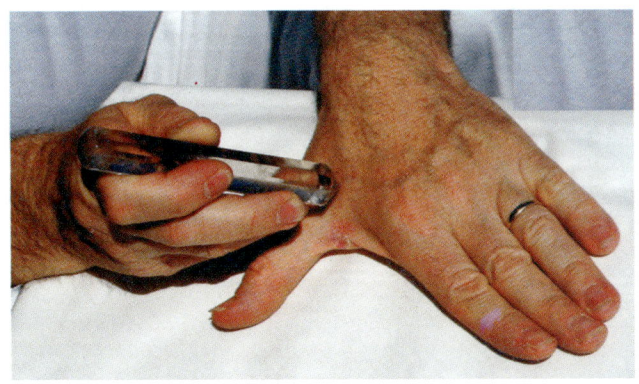

Ist der Kristall gut geschnitten, wirst Du schnell die Energieströmung des Kristalls fühlen. Wurde der Kristall quer zu seinem Wuchs geschnitten, kommt nur sehr wenig Energie heraus. Früher haben die Fürsten und Könige, ebenso wie die Päpste einen großen Bergkristall in der Krone bzw. in der Tiara auf der Stirn am 3. Auge getragen. Es sollte ihren Durchblick für das Wesentliche und für Gerechtigkeit fördern und vor Intrigen und falschen Beratungen bewahren. Der Bergkristall ist der Sonne zugeordnet, deren Licht er in alle Strahlen des Regenbogens zerlegen kann. In der Numerologie ist es die Zahl 1, Planet Sonne, Tarot: Die Sonne, Nr. 19, die reine Erkenntnis und ihre Anwendung im irdischen Leben. Gib dem Bergkristall auf Deinem Altar einen zentralen Platz!

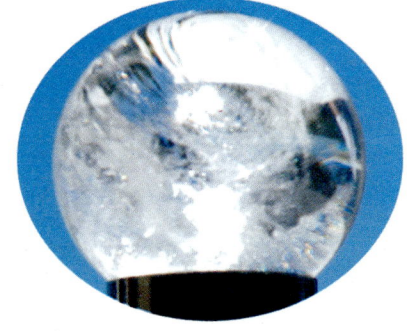

8 Der Schnee-Bergkristall

Der Körper erduldet die Schwächen der Seele, mit denen ihr geboren werdet. Der Körper muß sich reinigen und erholen. Mit dem Schneekristall verbindest du die göttliche Energie mit deinem Körper. Auf diese Weise werden die störenden Einflüsse der Welt unterbunden und du kannst eine Heilung einleiten. Schneekristall ist der Energie in Deinen Knochen sehr nahe. So beginnt die Heilung auf der mineralischen Ebene und dringt über das Blut in die Seele. Die Seele fühlt sich durch den Schneekristall von zwei Seiten berührt: Aus dem Knochengerüst heraus, das Mineralische, und vom Geist her. Der Bergkristall fördert stets auch den Geist. So erfährt die Seele eine Durch-dringung mit heilender Energie. Es kühlt Gemütsbewegungen ab und macht Dich ruhiger und ausgeglichener. Alle Formen des Bergkristalls regen den Geist an. In dieser Form ist die Anregung sanfter und nicht so fein wie beim klaren Bergkristall. Schneekristall ist darum für Anfänger auf dem spirituellen Weg eher geeignet. Nutze ihn in der Meditation. Für geistig rege Menschen schafft er eine Anbindung an die Außenwelt, ohne herunterzuziehen. So werdet ihr etwas bodenständiger, ohne den spirituellen Weg zu vergessen. Er erdet euch und regt den Geist an. Planet Sonne, Zahl 1, Tarot eher für den jungen Magier, Nr. 1, zur Reinigung und für mehr Klarheit.

9 Carneol

Carneol ist ein Stein der Liebe. Er ist ein Stein für reine Herzen. Er regt feine Gefühle an, mit denen nicht jeder umgehen kann. Nutze diesen Stein, um Dich auf die Gefühle der Liebe und Zuwendung einzustellen. Liebe braucht jeder Mensch.

Carneol hilft Dir die anderen Gefühle zu aktivieren, die im menschlichen Miteinander eine bedeutende Rolle spielen. Ihr redet so viel von Liebe, doch sie sollte frei sein von Besitzergreifung, Ich-Sucht, Egoismus, und Bevormundung. Das alles kann Carneol bewirken.

Auf diese Weise verbessert sich auch Eure Ausstrahlung und Eure Wirkung auf andere Menschen. Das wirkt sich positiv auf eure Gesundheit aus. Liebe stärkt das Immunsystem.

Du bist es Dir wert zu leben!

Carneol dient der Öffnung der Seele für die Belange des Körpers. Die alten Völker brachten Carneol mit dem Blut und mit dem Fleisch in Verbindung. Daher auch sein Name.

Die Seele verliert sich oft in ihren Träumen und Illusionen. Das kann dazu führen, daß die Bedürfnisse des Körpers überhört oder nicht ernst genommen werden.

Kehre mit Carneol zu einer natürlichen Lebensempfindung zurück. So wie es die Menschen schon vor vielen Millionen Jahren taten, indem sie von Zeit zu Zeit Rituale praktizierten,

die sie wieder mit dem Urgrund des Lebens verbanden.
Wenn Seele und Geist gut aufeinander abgestimmt sind und
gemeinsam für das leibliche Wohl sorgen, dann gedeiht die
Gesundheit und der Körper freut sich.
Das ist die beste Grundlage, damit die Seele ihre zarten Flügel
entfalten kann, um das Leben zu genießen, und der Geist kann
frei atmen, weil er in einem ruhigen Haus wohnt. Erinnert Euch
daran: Ihr seid nur Gäste im Haus Eures Körpers. Ihr solltet
Eurem Körper und dieser Erde, die ihn hervorgebracht hat,
dankbar sein.

Nutzt Carneol auch in der Energiepyramide C, die Welt kann es
brauchen. Auf diese Weise können die positiven Schwingungen
des Carneol einer größeren Gemeinschaft von Menschen
mitgeteilt werden.

Carneol gehört zur Venus, dem Stern der Liebe, Zahl 6,
Tarot Karte 6, die Liebe. Er kann Dich zu Karte 11, die
magische Kraft (Shakti) und bis zur 15, dem Teufel, die
Auseinandersetzung mit den Kräften der Magie, mit den
Instinkten und der Sexualität führen (Tantra).
Für die Christen des Mittelalters war der erwachte Magus
natürlich der Teufel in Menschengestalt, weil er sich nicht mehr
den Ängsten der Kirche unterwarf. Für die konservativen
Christen ist Sex und Erotik eine Todsünde und jede attraktive
Frau eine Gefahr. So wurden dann die Hexen vernichtet.
Für den Rest der Menschheit ist es eine Quelle der Freude.
Kaufe Dir eine Halskette aus Carneolperlen und trage sie
mehrmals um Dein linkes Handgelenk gewunden. So wirst Du
seine Wirkung am stärksten erfahren. Erfahre die Kraft der
Liebe auf eine besondere Weise, lerne sie zu nutzen im
Einklang mit den Schwingungen der Venus und der Natur von
Mutter Erde!

10 Calcedon

Körperlich ist es die Ruhe durch die Erholung der Zellaktivität.
Er harmonisiert chemische Abläufe, das Gleichmaß der Dinge
in der Physiologie.
Er liefert eine konstante Frequenz, die die Seele aktiviert.
Negatives wird abgestrahlt und Positives gestärkt.
Geistig zieht er Dich auf eine Schiene, mit der Du dem Licht
näher kommst. Er öffnet Dich für hohe harmonische
Schwingungen, über den Weg des Herzlotos, also eine
Verbindung des Herzlotos und des 7. Chakras.
Das ist die "göttliche Regelung des inneren Gleichgewichts".
So muß es sein!
Chalcedon ist ein Mondstein, Zahl 2. Stelle ihn nachts bei
Vollmond in einer Glasschüssel mit klarem Wasser und einer
Prise Salz ins volle Mondlicht, außen, nicht hinter dem Fenster!
Das gibt ihm volle Energie. Tarot Karte 16, der Turm. Er kann
Dir helfen, die aufgewühlte Umbruchzeit der Turmkarte gut zu
überstehen und in ein neues Gleichgewicht zu finden. Calcedon
hat jedoch nicht die volle Mondkraft der Karte 18, Mond. Ihm
fehlen die tiefen Einblicke in die verborgenen Seiten Deiner
Seele. Das kann eher die Jade. Die Mondkraft des Calcedon
entspricht eher einer Frau, die sich auf der Stufe des Eremiten,
Karte 9, befindet.

11 Calzit, Gelber Calzit

Er vermittelt eine erfrischende Leichtigkeit. Seine reinen
Kristalle dienen der Harmonisierung von Körper und Seele.
Calzit baut das Blut auf, so daß die mineralische
Zusammensetzung verbessert wird. Er reguliert den
Mineralstoffwechsel. Er kann "Stein"-Erkrankungen, also
Ablagerungs-Erkrankungen im Körper wie Rheuma, Gicht,
Arthritis und Arthrose lindern und hilft beim Abbau von
Schadstoffen. Die Nierenfunktionen werden unterstützt, Milz
und Leber angeregt. Ein optimaler Stein bei Partnerproblemen.
Auf die Seele wirkt er abkühlend, beruhigend und erfrischend.
Durch die reinigende Wirkung können der Geist und das Gehirn
freier und leichter arbeiten. Seine erfrischende gelbe Farbe regt
zu neuen Aktivitäten an, ohne Streß zu erzeugen. Geht seine
Färbung noch mehr ins Orangene über, dann steigert er die
Motivation und die positive Lebensbejahende Haltung der
Menschen, die ihn tragen. Gerade der gelb-orangene Chalzit
sollte für die Herstellung von Schmuck mehr Beachtung finden.
Kombiniere ihn mit Lapis Lazuli oder Türkis.
Er gehört zum Planeten Jupiter, Zahl 3, ohne daß er Dich hart
und egoistisch machen würde. Tarot: Die richtige Schwingung
für die Karten 3 und 4, Königin und König, aktiv werden, wissen
was man will und es verwirklichen.

12 Grüner Calzit

Grüner Calzit hat eine stärker abführende und ausleitende Funktion. Negative Energie, Streß und Spannungen verlassen den Körper. Ähnlich dem Moosachat fördert er Heilungsprozesse, allerdings wesentlich sanfter und nicht so straff oder hart wie der Moosachat. Neptun- und Mondenergie, 7 und 2, Tarot Karte 12, der Gehängte, trenne Dich von negativer Energie! Gut für die Edelsteintherapie um sich loszulösen und voranzukommen.

13 Blauer Calzit

Blauer Calzit wirkt aufbauend auf das Nervensystem. Wir empfinden ihn als kühl. Er hat eher eine energieregulierende Wirkung, weniger eine ausleitende Funktion wie der gelbe und der grüne Calzit. Durch die Beruhigung und Stärkung des Nervensystems fließen die Impulse besser im Körper. So kann er bei Fieber, Reizungen, Erregung und allen anderen eher hitzigen Zuständen ausgleichende und abregende Impulse geben. Planet Uranus, Zahl 4, Tarot Karte 8, Gerechtigkeit, Überwindung von Fehlern, und Karte 9, der Eremit, neue Einsichten auf dem Weg der Erkenntnis.

14 Chaorit

Er ist im Westen noch nicht so sehr bekannt. Er lockert die
Gefühle. Seine lila Färbung regt unser Herz und unser 4.
Chakra an. Lila besänftigt Aggressionen und macht uns
andächtig. Er kann Liebe schenken und Menschen freundlich
stimmen. Gesundheitlich ist er gut bei Partnerschaftsproble-
men, also bei Nierenleiden, Lungenproblemen, Bronchitis,
Asthma und Hauterkrankungen. Er wirkt beruhigend in der
Psychosomatik der Partner- und Kontaktprobleme. Er kann
Dich verständnisvoller und kontaktfreudiger machen. Das
bedeutet in diesem Fall eine Anregung der Seele und des
Gefühlslebens, nicht des Geistes wie bei Amethyst. Nutze ihn
als Anregung für intensivere Gefühle und als Schutz gegen
Vereinsamung. Er regt auch die Leber an und schenkt Dir so
neue Energie. Ein kleiner Kristallstab, angereichert mit etwas
Topas, macht ihn zielgerichteter und lebhafter. Es ist ein guter
Stab für jeden Tag im Büro oder in anderen stressigen und
zugleich langweiligen Lebensbereichen. Chaorit wird heute vor
allem in Rußland gefördert und er paßt zur russisch-orthodoxen
Seele. Versuche diesen Vergleich zu begreifen. Es kann Dir
das Wesen des Chaorit näher bringen. Er gehört zur Venus,
Zahl 6, er hilft Dir bei Entscheidungsproblemen, Tarot Karte 6,
die Liebenden und 20, das Jüngste Gericht, die Offenbarung.

15 Chrysokoll

Chrysokoll ist ein sehr intensiver Stein, der Herz und Seele mit
dem Urgrund des Lebens auf der Erde verbindet. Nutze ihn bei
seelischen Störungen und um Deinen Körper wieder in
Ordnung zu bringen. Er hat anregende Kräfte für die
Verdauungsorgane und für den Solar Plexus. Lege ihn auf die
Brust oder trage ihn als Amulett. Das hilft gegen viele seelische
Störungen, die den Körper beeinträchtigen. Über den Solar
Plexus gelangt seine Schwingung zu allen wichtigen Organen.
Das beruhigt die Seele und stärkt den Geist, weil er nicht mehr
unter den Dissonanzen des Körpers leiden muß. Eine
Meditation auf diesen Stein kann Dir Ausblicke ins Universum
gewähren. So kann er Dich zu Astralreisen anregen, wenn du
ihn zu nutzen verstehst. Einzelne Steine sind genug. Eine Kette
könnte schon zuviel des Guten sein. Er paßt gut zu den
Funktionen von Energiepyramide A, auch wenn seine Wirkung
ganz anders zustande kommt. Allerdings ist er wesentlich
erdbezogener und materieller als die ätherische Schwingung
von Modell A.
Planetenkräfte sind Venus und Neptun, Zahl 6 und 7. Im Tarot
paßt er zur Aufgabe der Karten 9, Eremit und 14, Ausgleich, die
Überwindung der organischen Störungen in Zeiten eines
geistigen Umbruchs.

16 Chrysopras

Dieser Stein ist etwas Besonderes. Er heilt ganz wundervoll!
Aller Streß löst sich auf, wenn Du ihn wirken läßt.
Als Kristallstab ist er nichts für Amateure. Er muß liebevoll
gepflegt werden, damit er Freude bereiten kann. Eine gute
Sache für alle Therapiezentren. Ganz toll auch für Kinder, die
Seele lösen, befreien und beruhigen. Laß sie einfach mit diesen
Steinen spielen.
Er verhilft Dir zu kühlem, klarem Denken. Richte Dich auf das
Wesentliche aus, auf die Zeichen der Natur, in der Du lebst.
Löse Dich von den oberflächlichen, verstandesmäßigen
Betrachtungen und lerne den wahren Sinn zu erfassen! Das ist
ein Kristall, der Dich wieder mit Deiner inneren Stimme in
Verbindung bringen kann.
Sprich mit ihm, nutze ihn gut und sei dankbar, daß es ihn gibt.
Trage ihn um den Hals, am linken Arm oder am linken
Ringfinger. Er gehört der Venus und dem Neptun, Zahl 6 und 7.
Im Tarot paßt seine feine, saubere Schwingung zu den Sternen,
Karte 17, kosmische Energie fließt durch Dich zur Regulierung
Deiner spirituellen Aufgaben auf Erden, zur 21, das Universum,
denn die Energie fließt richtig durch Dich, und zum Narren, 22,
der die weltliche Entwicklung durchlaufen und hinter sich
gelassen hat.

17 Citrin

Körperlich hilft er bei der Ausscheidung von kristallinen Substanzen, Schadstoffeinlagerungen, Verhärtungen, Schlacken und Metalle, also auch gegen Amalgamvergiftung. Er löst die Seele vom Körper. Es wird leichter, auf eine Astralreise zu gehen. Nutze die Chance und öffne Deine Sinne den jenseitigen Welten, ohne ihnen zu erliegen und ohne Risiko, von niederen Wesen verdorben zu werden. Seelisch reinigt er die Aura von elementaren Schäden, die durch altes Karma verursacht wurden. Geistig führt er Dich ins Licht und auf neue Ebenen der Glückseeligkeit. Ein sehr guter Stein! Er öffnet Dich für neue Anregungen, ähnlich wie Bergkristall.

Der aus Amethyst gebrannte Citrin hat nicht so viel Energie wie natürlich gewachsener, doch in einer Energiepyramide kannst Du ihn leicht aufwerten. Seine zerstreute Energie wird in den Kristallstäben und mit Hilfe von Pyramidenenergie (die es nach Meinung deutscher Gerichte genauso wenig gibt wie Edelsteine, die heilen), gleichgerichtet und harmonisiert.

Im Citrin wirken Sonnenkräfte, Zahl 1, Tarot Nr. 7, Befreiung von körperlichen Belastungen und dadurch Schutz für Deine geistige Entwicklung. Später kann Dir ein Citrin-Armband oder eine Halskette helfen, die Kräfte von Nr. 19, die Sonne, auf Erden zu verwirklichen.

18 Epidot

Er ist nicht so sehr für Krankheit oder Heilung, sondern um neue Wege aufzutun.   Epidot hat eine ganz urtümliche Energie, die Dich verändert. Tiefgreifende Schwingungen, die die Seele erfüllen, um neue Wege zu eröffnen. Nutze ihn für eine Zeremonie, die Dir die Zukunft zeigt. Er informiert Dich über Veränderungen in der Umwelt, über Energieströme und ihren Sinn. Also ist er für Magier, nicht für Amateure. Stärke Deine Nachdenklichkeit und erkenne Dich selbst!

Seit 1998 habe ich verstärkt damit begonnen, neben den Energiepyramiden auch andere magische Kunstobjekte zu entwickeln. Dabei habe ich für verschiedene Zepter u.a. Geräte Epidot-Kugeln und Kristallstäbe verwendet. Epidot gibt den Geräten eine starke Erdung. Seine Schwingung erinnert stets an die Kräfte der Magier in Afrika, an die Schamanen der Savanne. Durch ihn können wir ein Gefühl bekommen für die ursprünglichen Kräfte der Menschen, naturverbunden, geerdet, im Einklang mit einer üppigen Natur und einem Gefühl der Freiheit, daß es nur unter dem Sternenhimmel gibt, nicht aber unter den Neonlampen moderner Städte. Sein Planet ist der Saturn, Numerologie: Zahl 8, im Tarot paßt eher die Karte 9, der Eremit, der Sucher der Wahrheit, der sich mit dem Ursprung der Entwicklung verbindet, um dann neue Ufer zu erreichen.

19 Falkenauge

Nicht umsonst ist Falkenauge dem Sonnenfalken Horus geweiht. Die Ägypter sahen in ihm das Kind der Sonne, den Schutzgott der Pharaonen, den Hüter der Gerechtigkeit. Er kann Dir in vielen Lebenssituationen den richtigen Durchblick verschaffen. Du beginnst durch die Oberfläche und hinter die Dinge zu schauen. Er kann Dir helfen, die im geheimen Untergrund der Seele verborgenen Relikte aus alten Inkarnationen aufzudecken, und ebenso die geheimen Beweggründe anderer Menschen zu erfühlen.
Er wirkt ganz stark auf die Seele. Er verleiht ihr Geradlinigkeit und Straffheit. Der Überschwang von Gefühlen wird gedämpft und Du weißt wieder, wo es in Deinem Leben langgehen soll. Nutze das Falkenauge, um klarer zu sehen in Deinem Leben. Es ist leichter und ätherischer als das Tigerauge, doch es ist ebenso straffend und ausrichtend.
Dem Körper hilft es bei der Steuerung der Nervenprozesse. Es schafft neue Verbindungen zwischen den verschiedenen Energieebenen. Es vermittelt zwischen unten und oben, zwischen hohen und niedrigen Energieniveaus. Also wirkt es ausgleichend in einer sehr sinnvollen und differenzierten Weise. Den Geist macht es nachdenklich. Falkenauge wirkt beruhigend, wenn Dich jemand aus dem Gleichgewicht

gebracht hat. Sobald der Körper im Nervenbereich, in der Leitung der Energie, besser funktioniert, und die Seele sich beruhigt hat, kann der Geist freier atmen und wirken.

Falkenauge wird nicht genug beachtet. Er sollte eine höhere Würdigung erfahren, durch die, die ihn verstehen.

Falkenauge macht Dich scharfsinniger, wenn es um die Einschätzung anderer Menschen und um neue, fremde Situationen geht. Das ist sicher die Folge der zuvor beschriebenen Kräfte. Diese Eigenschaft hat ihm den Namen gegeben.

Ein Ring mit Falkenauge erinnert Dich stets an Deine Aufgaben und an das Ziel. Magier tragen ihn auf der Stirn, um ihr 3. Auge zu fördern.

Falkenauge paßt gut zu den Energiepyramiden, die mir in Channelbotschaften von Horus vermittelt wurden.

Planet ist Saturn, Numerologie ist Zahl 8, die Unendlichkeits- schleife, das Möbiusband, die Vermittlung göttlicher Gerechtigkeit auf Erden.

Im Tarot passen die Karten 8, Gerechtigkeit, und das jüngste Gericht, Karte 20. Nutze ihn, um Klarheit zu schaffen und den Geist Gottes auf Erden zu verwirklichen!

20 Fluorit

Fluorit ist ein Energieregulator. Er tritt in vielen farblichen
Spielarten auf, von klar durchscheinend über hellgrüne Töne bis
hin zu dunkelviolett. Fluorit ist sehr empfindlich für Energie.
Seine Farbschattierungen sind eine Folge von hoher Strahlung.
In der Magie ersetzt er den Bergkristall. Er öffnet unsere Seele
fürs Jenseits. Wir fühlen die Gegenwart fremder Mächte und wir
fühlen mit ihm die feinen Veränderungen der natürlichen
Energieströme und Magnetfelder auf der Erde. Kosmische
Kräfte können erfühlt werden, wenn wir Kristallstäbe und Zepter
mit Fluorit verwenden. So dient uns Fluorit vor allem geistig und
seelisch. Er hilft uns aufzusteigen und zu lernen. Mit Energie-
Instrumenten aller Art verträgt er sich gut.
Der Körper profitiert von der energetischen Reinigung und
Erneuerung, die er einleitet. Mit kleinen Fluoritpyramiden
können wir unseren Wohnraum harmonisieren. Selbst liefert er
jedoch weniger Energie als z. B. der Bergkristall. Das muß
durch andere magische Instrumente bewirkt werden. Fluorit
reguliert, leitet und bündelt die Energieströme, in die er
hineingegeben wird. Sein Planet ist Neptun, Zahl 7. Im Tarot
paßt er zu den Karten 5, der Hohepriester, und 16, der Turm,
die Zerstörung der alten Strukturen und der Beginn von etwas
Neuem.

2 1 Granat

Er hat eine starke organische Wirkung und unterstützt die Heilung von körperlichen Verletzungen. Granat hat eine sehr gute Wirkung auf die Reinigung des Blutes und auf die Blutbildung. Seine Kristalle gleichen erstarrten Blutstropfen. Er wirkt auf die Lymphe und fördert die Reinigung des Körpers. Auf diese Weise kann er auch kranken Tieren eine sehr gute Hilfe sein. Er heilt alte Wunden, die Dein Herz erschüttert haben. Im Ätherleib entsteht eine neue Ordnung. Er hat eine intensive Wirkung auf die Seele. Der Granat dämpft hohe Töne und reduziert Exaltiertheit (überdreht sein). Er bewahrt Dich vor negativen Einflüssen und Gedanken durch Menschen, die Dir übel wollen. Er schützt Dich vor schwarzer Magie. Tschechien hat eine hohe und alte Tradition in der Verarbeitung von Granat, nicht nur, weil man ihn dort findet, sondern weil in diesem Land schon seit Jahrhunderten Alchimisten ebenso gearbeitet haben wie Schwarzmagier. Die Alchimisten nutzen ihn zum Schutz vor schwarzer Magie. Wertvoller Granatschmuck ist erschwinglich. Störe Dich nicht an den traditionellen Fassungen. Kristallstäbe mit Granat verbreiten eine beruhigende Energie. Planet ist Mars, der auch unser Blut regiert, Zahl 9. Tarot die Karte 14, Ausgleich zwischen Energie und Körper, zwischen alt und neu, sowie 16, der Turm, ein gesunder Körper für den Neubeginn.

22 Holz, versteinertes Holz

Wenn sich das Leben der Bäume zum Ende neigt, haben sie in ihren Strukturen alle Erfahrungen aus einem langen Leben auf Erden gespeichert, das oft Jahrhunderte oder Jahrtausende dauert. Die Durchdringung mit Mineralsäuren erhöht die Festigkeit. Die Festigkeit kommt von Kristallkräften, ähnlich dem Achat und dem Bergkristall. In dieser Weise können die versteinerten Erfahrungen der Pflanzen über die Schwingung der Kristalle Eure Seele erreichen.

Dem Körper geben sie höhere Widerstandskraft, neue Energie und das Gefühl, daß es immer weiter geht. Es kann euch die Angst vor dem Tod nehmen und neue Kraft geben, um euch dem Leben zuzuwenden. Nutzt diese Energie, um straffer und gefestigter zu werden.

Die Seele setzt sich mit Leben und Tod auseinander, doch auf einer höheren Ebene existiert alles weiter, ohne zu sterben. Nur die Formen ändern sich. Lerne zu begreifen, daß alles lebt, auch die Pflanzen leben in diesen Kristallen weiter, die sie letztlich auf Erden selbst erzeugt haben. Mit diesen Kristallen geben euch die vergangenen Pflanzen ihre wertvollsten Erfahrungen weiter. Über versteinertes Holz kannst Du Verbindungen herstellen in den Akasha und in die vergangenen Lebensepochen, als ihr alle noch in der Körperform der großen

Echsen, der Saurier und der anderen Riesentiere der Vorzeit inkarniert wart. Ihr seid das alles gewesen! Nutzt diese Chance, um zu wachsen und zu gedeihen. So dient versteinertes Holz den Reflexionen der Seele über das Sein und den Wandel von Leben und Tod.

Wer sein 3. Auge und die Energie der sensitiven Wahrnehmung zu nutzen weiß, dem mag es gelingen, sich über versteinertes Holz zurückzuerinnern an die Zeiten, da es noch lebte, in die großen Urwälder, aus denen ihr gekommen seid.

So schafft das kristallisierte Holz eine Verbindung aus dem Heute in die Urzeit des Perm, aus dem es kommt. Es ist eine Herausforderung für geistig aktive Menschen, die meditieren. Dem Magus dienen versteinerte Holzstämme als Säulen seines Tempels, die ihn von der Außenwelt abgrenzen, seinen Altar schützen und die Unvergänglichkeit seiner spirituellen Arbeit ausdrücken, die Fortdauer seiner spirituellen Arbeit aus längst vergangenen Zeiten über das Jetzt bis in ferne Zukunft hinein. Sein Planet ist Saturn, Numerologie die 8. Im Tarot sind es Karte 8, Gerechtigkeit und höhere Gerechtigkeit, Karte 20.

Der teuerste und älteste Stein

Ein Stück Mondgestein in der Weltraum-Ausstellung in Toulouse. Geschätztes Alter: 4,3 Milliarden Jahre. Er hat eine ganz merkwürdige Ausstrahlung: Kühl, nachdenklich, fremdartig, ruhig, zeitlos. Es scheint, als wenn für ihn durch den Mangel einer Atmosphäre tatsächlich die Zeit stehen geblieben ist, während sich hier unten auf der Erde alles unglaublich oft und intensiv umwandelte. Schade, daß ich ihn nicht einmal direkt in die Hand nehmen und mental analysieren kann. Auch wenn Kristalle auf der Erde genauso alt sein können, fühle ich an ihnen die Schwingung des Lebens hier auf Erden, an diesem Mondstein jedoch nicht.

23 Heliotrop

Heliotrop, der dunkelgrüne Jaspis mit den roten Punkten
erinnert an die Bewußtwerdung der Seele. Während Zoisit das
Unterste nach oben kehrt, läßt Heliotrop die "Schichtungen der
Seele" wie sie sind. Doch in einer unnachahmlichen Weise
beginnen wir zu wachsen. Wir öffnen uns für neue Impulse,
neue Regungen und Gefühle. Er bleibt selbst scheinbar
unberührt, doch bei den Menschen, die ihn zu schätzen wissen,
öffnen sich alle Bereiche des Lebens zum Licht.
Seine leuchtenden Punkte sind Signale der Bewußtwerdung.
Durch erhöhte Konzentration könnt ihr diese Punkte in seinem
Gefüge erzeugen, ja es ist möglich, mit eurem Geist und
Bewußtsein Steine zu programmieren und sichtbar zu
verändern. Heliotrop ist dafür geeignet. Heliotrop läßt sich vom
menschlichen Bewußtsein beeinflussen!
Er regt Blut und Kreislauf an, fördert die Gesundheit der inneren
Organe, verbindet Körper und Seele und ist offen für geistige
Impulse. Er macht Dich gesund und bodenständig, ohne das
geistige Wachstum zu vernachlässigen. Wie bei allen dunkleren
Steinen sollte er mit einem lichten und hellen Stein zusammen
getragen werden, z. B. Türkis. Heliotrop fühlt sich der Sonne (1)
und der Venus (6) verbunden. Tarotkarte: 19, die Sonne, ein
gesunder Geist in einem gesunden Körper, Erfolg auf Erden.

24 Jade, lindgrüne Jade
aus China und anderen Erdteilen

Hier haben die Feenkräfte Gestalt angenommen und nicht von ungefähr findet man die Jade in Knollen in lehmigem Boden, eingebettet gleich Knollen oder Eiern. Niemand hat je gefragt, wie sie da hineingekommen sind. Es sind die Gedanken und Gefühle fruchtbarer Naturgeister, die sich darin manifestieren. In gewisser Weise geben sie ihre schöpferischen Kräfte gleich Ablegern einer Pflanze in den Lehmboden und - wer weiß wie - in unsere Hände.

Die Menschen, die Jade schnitzen, geraten in eine tiefe Trance. Sie verbinden sich mit der Natur dieser Steine. Sie schaffen Formen, die wiederum Naturkräfte zur Wirkung bringen. Es offenbaren sich ganz andere Kräfte als bei jedem anderen Stein. Hier geben jenseitige Wesen ihre manifestierten Gedanken herüber zu den Menschen, und unsere Handwerker dienen ihnen dort drüben. Aus diesem Grund wurden die Jadeschnitzer als Meister verehrt. Ihre Kunstwerke waren bei allen Völkern, die davon Kunde hatten, heiß begehrt.

Am höchsten entwickelt war diese grenzüberschreitende Arbeit zwischen den Dimensionen im alten China. Eine Jadefigur, die wie ein Gnom aussieht, beherbergt auch den Geist eines Gnoms aus einer anderen Welt, die uns hier im Westen als

Zwerge bekannt sind. Manchmal greifen diese Wesen zu uns herüber und wir greifen in ihre Welt hinein. Jade ist der Hüter der Schwelle, in dem Bereich, wo Kulturmenschen und Naturgnome sich begegnen. Und das alles nur, um die Liebe grenzüberschreitend zu entfalten. Wenn von dem bösen Einfluß der Gnome gesprochen wird, so sind das immer nur Mißverständnisse und ein Mangel an Kommunikation.

Jade hilft Dir bei der sehr feinen Regulation Deiner Seelenkräfte. Sie schenkt Dir geistige Klarheit, hilft gegen Engstirnigkeit und öffnet Deinen Geist für das Schöne. Wir können sagen, daß dieser besondere Stein eine Parallele hat zum chinesischen Porzellan und zu der klassischen Musik von Händel, Bach und Mendelssohn Bartholdy.

Nutze Jade für eine sanfte Annäherung an die grenzüberschreitenden Kräfte, die zwischen verschiedenen Welten wirken. Erinnere Dich an den alten Kinderreim:

'Jadestein in meiner Hand, führ' mich in ein fernes Land!'

Hier berühren wir noch ein anderes Geheimnis aus alter Zeit. Der Begriff 'lind' hat etwas mit dem Fließen der Energie in der Natur zu tun, so wie wir es heute vom Feng und Shui der Chinesen kennenlernen. In der alten Zeit sprachen die Germanen vom Lindwurm. Dabei handelte es sich jedoch nicht um eine Echse! Wer sensitiv begabt ist, kann den Verlauf der Leylines, der großen Magnetfeldlinien auf der Erdoberfläche, als lindgrüne Streifen wahrnehmen, die durch die Landschaft fließen. Ja, sie sind in Bewegung, gleich einem unendlich großen Wurm, der sich über Berg und Tal windet. Wer in alter Zeit diese Energieströme wahrnahm, erlitt einen Schock.

Die Wikinger nannten diesen Wurm die Midgard-Schlange, und die Mittelmeervölker nannten ihn Uroboros, die Schlange, die die Welt umspannt und sich selbst in den Schwanz beißt. Wer zufällig mit seinem Bewußtsein genau auf die Schwingung des grünen Lindwurmes gerät, den kann er fortreißen wie eine Achterbahn, weit fort in andere Länder, oder sie schleudert ihn hinüber in andere Zeiten und Dimensionen, z. B. nach Utgard, ans "Ende der Welt". Wem es gelingt in seine Heimat zurückzukommen, der 'hat den Lindwurm bezwungen'. Die

Suche der Wikinger nach dem Wohnort der Götter, Asgard, und später die Suche der Ritter nach den mystischen Orten, z. B. nach der Gralsburg, ist in diesem Zusammenhang zu sehen. Leylines können Spalten auftun zwischen verschiedenen Dimensionen. In ferner Zukunft wird die Menschheit lernen, auf diesen "Phasen" in ferne Welten zu reisen.

Der deutsche Begriff der "Linderung" eines Krankheitszustandes gehört hierher. Er bezeichnet nämlich eine Ableitung der negativen Energie. Das Fiber schwindet und der normale, gesunde Energiefluß wird wieder hergestellt.

Jade steht mit diesen Naturkräften in Verbindung. Aus genau diesem Grund verleiht sie Schutz vor negativen jenseitigen Einflüssen. Für diesen Zweck trage die lindgrüne Jade als Steinring (ganz aus Jade) oder ein Armband aus Kugeln oder viereckigen Plättchen am linken Handgelenk.

Um einen Schutz vor schwarzmagischen Einflüssen zu bewirken, solltest du stets 5 kleine Jaderinge tragen und dazu einen feinen Ring aus Amethyst. Diese Kombination gibt Dir einen besonderen Schutz und neue Kraft. Trage zwei Ringe am linken Ringfinger, einen am linken Mittelfinger. Am rechten Ringfinger ziehe zuerst einen Amethystring auf, dann einen Jadering, sowie einen weiteren Jadering am rechten Mittelfinger. Füge nun noch einen kleinen Silberring an den kleinen linken Finger und einen Goldring an den kleinen rechten Finger. Das ist die optimale Ausrüstung für eine Magierin. Sie optimiert Deine Energie und schirmt fremde Kräfte ab. Sie macht Dich intuitiv, kraftvoll, stabil und sensibel.

Nach Wunsch kannst du den Amethystring durch einen roten Carneol oder einen Rubinring ersetzen. Lieber sollten es jedoch Ringe ganz aus Stein geschnitten sein. Wenn es Ringe aus Gold und Silber sind, dann solltest du einem Ring mit vielen kleinen Rubinsplittern den Vorzug geben vor einem einzelnen wertvollen Stein. Bei dieser magischen Ausrüstung kommt es nicht auf den Preis an, sondern auf den gezielten und gekonnten Einsatz der Materialien.

Magie beginnt, wenn wir die Naturkräfte der Substanzen erfühlen, geschickt einander zuordnen, etwas von unserer Lebensenergie hineingeben und dann die neu entstandenen Schwingungen zu nutzen lernen.
Ziel sollte es sein, mit diesen Experimenten zu wachsen und zu reifen. Es gilt, unsere Seelenkräfte zu entfalten, unseren Geist zu disziplinieren und unseren Körper in einem guten, gesunden Zustand zu halten.

Hellgrüne Jade ist dem Neptun (7) und den Mondkräften (2) verbunden. Neptun regiert unsere Kontakte ins Jenseits und Mond die verborgenen, magischen und spirituellen Kräfte der Frau. Im Tarot ist es die "verborgene Kraft" der Mondkarte 18. Werden diese Kräfte blockiert oder ignoriert, dann führen sie zu einer unnatürlichen Ausprägung der weiblichen Kräfte, zur Anwendung von Hexenkünsten, um andere Menschen zu beherrschen oder einfach nur, um die eigenen Störungen abzureagieren. Das kann nicht das Ziel sein. Es sind Störungen. Lerne diese intuitiv-weibliche Kraft kennen und beherrschen, dann wird sie Dir sehr positiv dienen. Sie kann Dir neue Wege ins Jenseits eröffnen. Sie kann Dich zu einer reifen, machtvollen Magierin machen, die sich entwickelt und den Menschen dient. Männer können sie nutzen, um ihre weiblichen Kräfte bewußter zu nutzen.

25 Gebänderte Jade aus Namibia

Ein sehr schöner Stein. Ihre besonderen Grünfärbungen wirken erholsam auf die Seele mit ihren Höhen und Tiefen. Sie vermittelt die Ruhe und Gelassenheit, die heute so viele Menschen brauchen. Ein kleiner Kristallstab in der Tasche getragen oder ein Amulett aus diesem Stein wirken ausgleichend auf die Gesundheit von Körper, Seele und Geist. Im Körper wird die Blutbildung angeregt, sowie die Aktivität der roten Blutkörperchen. Das fördert die Sauerstoffaufnahme. Über die Energie der Sauerstoffversorgung fördern wir indirekt einen klaren Geist. Nur wenn wir zwischen Körper, Seele und Geist ausgewogene Verbindungen schaffen, ist die "große Einheit Mensch" in der Lage, sinnvoll alle Aufgaben zu lösen, die uns das Leben stellt. Die direkte Förderung des Geistes wie durch Topas oder Bergkristall ist nicht für alle Menschen die richtige Lösung. Viele Menschen sind heute überreizt oder seelisch aus dem Gleichgewicht. Ihnen fehlt eher eine beruhigende und ausgleichende Energie. Das können z. B. grüne gebänderte Jade und gelber Jaspis bewirken, beide aus Afrika. Vielleicht warst Du einmal eine Medizinfrau in der Savanne. Nutze ein Zepter mit diesem Stein, um die Verbindung herzustellen. Planet Neptun 7, Mond 2, Tarot 18, die Kraft der Mondfrau, Nutzung der Pflanzenmagie.

26 Nephrit-Jade

Körperlich ist es eine Erholung, wenn Du diese Jade benutzt. Sie bewirkt Spannungsabbau im Körper, ruhigere Atmung, gut für den Kreislauf und die Verdauung. Ihre Farbe ist wie Galle. Es hilft Dir, Gesundheitsprobleme anders zu betrachten. Das ist gut für die Heilung. Nephritjade nutzt der Seele ähnlich wie Malachit. Die grüne Farbe signalisiert Heilung und ein Nach-innen-gehen. Sie stellt Bezüge her zu Deiner Vergangenheit und zu den Gründen der Seele. Gut für Rückführungen.

Geistig macht er Dich geradliniger, weniger Umwege, klarer aufs Ziel zugehen. Die Chinesen liebten sie besonders, weil Nephrit sie anregte, großartige Kunstwerke daraus zu schaffen. Ein Ausdruck des Ineinanderfließens von menschlicher Suche nach Vollkommenheit und dem Wirken jenseitiger Kräfte. So kamen die ausdrucksvollen Dämonen- und Götterbilder zustande. Gut fürs Channeling. Lege den Nephrit-Kristallstab auf den Tisch wenn Du channelst. Um Horus anzusprechen ist er gut geeignet. Nephrit ist dem Neptun zugeordnet, Zahl 7 in der Numerologie. Tarot Karte 9, sie fördert beim Eremiten die notwendigen Umstellungen. Wenn Du die erste Dekade überwinden willst, mußt Du Dich erneuern. Dabei kann Nephrit-Jade Dir helfen.

27 Jaspis, gelber Jaspis

Gelber Jaspis ist geronnener Sand, ein sehr schöner und sanfter Stein, der die Seele beruhigt. Die weiche, helle Färbung erinnert uns an Heilerde und Lehm, ein sehr fruchtbarer Stoff, der allen Pflanzen Auftrieb gibt und den Tieren eine Heimstatt. In ähnlicher Weise regt er beim Menschen die Bodenständigkeit an. Er begünstigt den Hausbau und die Gründung einer Familie. In einer Beziehung fördert er die Ruhe, die Vertrautheit und die Harmonie. Mit anderen Worten: Er tut der Seele gut, indem er den Familiensinn in einer Partnerschaft fördert.
So kann er auch einen Kinderwunsch positiv beeinflussen.
Auf den Körper wirkt er beruhigend und ausgleichend.
Bei Entzündungen dämpft er die Erhitzung und stärkt die Selbstheilungskräfte. Er kann dazu beitragen, daß du weniger ißt und nicht mehr so gereizt reagierst. Auf den Geist wirkt er beruhigend und dämpft Affekte. Er hilft spontane Aufregung zu vermeiden.
Gelber Jaspis vereinigt in sich die Kräfte von Sonne und Mond, Planetenzahlen 1 und 2, Shiva und Shakti, im Tarot Karte 19, die Sonne: Glück und Erfolg im irdischen Leben, als Dank dafür, daß Du zuvor bereits viele Stufen der notwendigen Entwicklung durchlaufen und überwunden hast.

28 Roter Jaspis

Roter Jaspis enthält einen Anteil Eisenatome, das gibt ihm die rote Färbung. Körperlich hilft er gegen Krämpfe und Schmerzen mit seelischer Ursache. Durch seine dunkelrote Farbe wirkt er anregend, aufbauend, flößt Dir verlorenes Vertrauen ein, ohne daß er erregend oder gereizt wirken würde. Dazu ist seine Energie und seine Farbe zu ruhig, zu satt und zu positiv erdbezogen.

Roter Jaspis hilft zu heilen bei Belastungen der Seele durch fremde Energie. Jaspis heilt die Seele von alten Wunden, kann also in der Reincarnationstherapie eingesetzt werden.

Geistig reinigt er die Nadis, die Energiekanäle und die Akupunkturbahnen, die Meridiane. Das hilft Dir bei Deiner weiteren Entwicklung.

Roter Jaspis gehört zu den Planeten Venus (Zahl 6): lerne Dich selbst zu lieben und selbst zu versorgen, sowie Mars (Zahl 9): Er hilft Dir bei der Bewältigung Deiner irdischen Aufgaben. Im Tarot hilft er dem König 4, seinen Willen klar und sachlich zu verwirklichen und dem Turm 16, die Wunden der Erneuerung zu heilen.

29 Leopardenjaspis

Im Leopardenjaspis finden sich unendlich viele Bestandteile. Es sind die Ansammlungen von den Stränden der Vorzeit, graue Meere, bunte Muscheln, Sand, Reste des Lebens, abgelagert zusammengepreßt und in späteren Epochen verschmolzen und homogenisiert. Diese vollkommen vermischten Reste aus den unterschiedlichsten Bereichen des Lebens auf dieser Erde dienen der Festigung von Körper und Seele, ohne starr zu sein.

Der Körper erhält mineralische Informationen und regeneriert sich. Eine gewisse Bodenständigkeit wird gewährleistet. Er lockert die Seele auf, löst Erstarrungen und "mischt die Karten neu".

Nutze ihn, um aus der körperlichen, materiellen Welt herauszuwachsen und in die geistige hinein. Er ist ein Stein des Übergangs, aus der alten Welt mit ihren Verstrickungen hin zur Neuzeit.

Durch seine vielen Einschlüsse ist er weicher und nicht so straff und drängend wie Achat. Dem Geist vermittelt er eine Vielzahl von Anregungen und Erinnerungen an die Epochen der Erdgeschichte, die wir bereits durchlaufen haben. Es sind Gedanken an das Licht, das sich tief im Inneren der Erde manifestierte und nun im Laufe von Jahrmilliarden aus dem Inneren der Erde an die Oberfläche dringt, zurück zu seinem Ursprung. Das soll Deiner Seele ein Gleichnis sein und Deinen Geist zu neuen Aktivitäten anregen, aus der Dunkelheit zurück ans Licht. Planeten Venus 6 und Saturn 8. Tarot 20, das jüngste Gericht, Erinnerung und Neubeginn.

30 Kunzit

Kunzit ist ein zarter Stein, der von Frauen getragen und verehrt werden sollte. Er dient den Engeln unter den Frauen und jungen Mädchen. Er gibt zarte Gefühle, die noch nicht ganz ausgereift sind. Er erinnert an geschmolzenen Zucker mit zarten Fruchtstoffen. Seine oft anzutreffenden feinen Einschlüsse sind ein Zeichen, daß die Vollkommenheit noch nicht erreicht ist. Das macht ihn uns Menschen so ähnlich. Auch wir trachten nach Vollkommenheit, ohne sie bisher so ganz erreicht zu haben. Wer mit seinen Gefühlen und mit seiner Seele hadert, wer auf der Suche nach Erlösung von seelischen Störungen und Wunden der Vergangenheit ist, dem kann Kunzit sehr gut helfen, auf eine höhere Stufe der Erkenntnis zu gelangen. Trage ihn einige Zeit bei Dir, vor allem an unruhigen, unklaren Tagen, wenn Du nicht so genau weißt, wie es weiter gehen soll. Später wird er Dich immer wieder an Deine Krisen erinnern, doch in einer sanften, freundlichen Weise. Du kannst Dich erinnern, um loszulassen. Darauf kommt es an. Was wir sind, das sind wir geworden, weil wir aus den Fehlern der Vergangenheit gelernt haben und darüber hinausgewachsen sind. Also sollten wir diese Steine, die uns bei einem Übergang von einer zur nächsten Ebene leiten, wie Jade und Kunzit, liebevoll nutzen. Ein Venusstein (Zahl 6), Tarot 6, die Liebenden.

31 Labradorit

Dieser leuchtende und geheimnisvolle Stein, der manchmal ganz unscheinbar aussieht, dann jedoch in allen Regenbogenfarben zu leuchten beginnt, bis hin zur Fluoreszenz, öffnet die Tore der Seele für Heilungsprozesse im Körper.

Die Seele ist ja das regulierende Element. Doch der Körper leidet oft unter der Unausgeglichenheit der seelischen Prozesse, wenn der Geist seine Ziele auf Erden verwirklichen will. So sind die Zusammenhänge.
Einfach freier atmen und die Seele öffnen für Impulse aus einer höheren Welt. Wenn er Dich müde macht, beginnt seine innere, geheimnisvolle Schwingung ihre Kräfte zu entfalten.

Ein sehr ernster Stein. Ohne Dich geistig zu öffnen wird er Dir nicht viel sagen. Laß los, gib es auf, Dich zu verstellen, laß die neue Freiheit in Dein Denken, ohne zu zögern, ohne Angst.
Ein Stein für Venus (6) und Merkur (Zahl 5), für liebevolle Verständigung und Kommunikation. Im Tarot der verständnisvolle Hohepriester (Karte 5), der spirituelle Lehrer, der Dich führt und die Venuskraft der Hohepriesterin, Karte 2.

32 Lapis Lazuli

Körperlich schützt er Euch vor Verfall, baut auf, eine Erholung und eine klare Ausrichtung, Atemnot wendet er ab.
Große Männer tragen ihn in der Tasche oder als Ring, sogar am Mittelfinger, um sich gegen alle Arten von Anfeindungen zu stabilisieren.

Seelisch behütet er Dich vor Unruhe und Zerfahrenheit, konzentriert Dich besser. Er löst innere Konflikte, ohne zu drängen wie der Amethyst.

Mache Dir ein Beutelchen damit oder benutze einen kleinen Kristallstab. Lege ihn nachts auf die mittlere Ebene in einer Energiepyramide und trage ihn tagsüber in der Tasche.

Geistig macht er Dich kühl und nachdenklich. Alles gute Eigenschaften. Seine Benutzung ist sicher ein Weg, um sich neuen Ideen zu öffnen. Ein typischer Merkurstein (Zahl 5), denn er fördert Konzentration und Kommunikation.
Im Tarot ordnen wir ihn zum Hohepriester, Karte 5, und er hilft Dir beim Übergang in die 2. Dekade, Karte 10, das Rad des Lebens.

33 Larimar

Larimar ist ein sehr seltener und edler Stein. Er spricht vor
allem Frauen an, die die Geheimnisse des Lebens ergründen
möchten. Seine zarten Farben öffnen das 5. Chakra und
lassen Dich in die Seele Deiner Mitmenschen schauen. Ebenso
kannst Du Dich selbst neu erfahren, wenn Du dazu bereit bist.
Deine Beobachtungsgabe wird geschärft. Du siehst neue
Zusammenhänge. Es ist ein Hexenstein im positiven Sinne.
Der Körper empfindet den Larimar als beruhigend und
erholsam. Seine Qualitäten zeigen sich vor allem den
Menschen, die durch frühere Leben eine Beziehung zu Magie
und Schamanismus haben. Nutzt ihn für Amulette, zum Schutz
vor dem bösen Blick und für Schülerinnen auf dem Weg zur
Erkenntnis der großen Muttergottheit.
Für Männer kann er eine Hilfe darstellen, um die besonderen
weiblichen Kräfte neu zu erfahren und neu zu empfinden. So
dient er der Verständigung zwischen Magier und Medizinfrau.
Die Priesterin sollte ihn am Herzen tragen oder als Hals-
schmuck. Als Ring tragen ihn die Männer am kleinen Finger
links, die Frauen am Mittelfinger links.
Planeten: Larimar ist ein typischer Mondstein (2).
Tarot: Die Hohepriesterin, Karte 2, und eine weit entwickelte,
gereinigte Mondpriesterin, Karte 18.

34 Malachit

Körperlich steht er mit den Sexualorganen in Verbindung und regt die Kreativität an. Das ist eine Wirkung auf das 2. Chakra. Seine dunkelgrüne Farbe ist komplementär zur Farbe des 1. Chakras. Seine grüne Farbe kommt vom Kupfer. Er hilft den Schleimhaushalt im Körper zu regulieren. Außerdem wirkt er auf das 3. Chakra. Von dort breitet sich seine Energie im ganzen Körper aus und verursacht die verschiedenen Effekte. Er hat also eine intensive Wirkung auf die ersten 3 Chakras, mit einer starken Ausstrahlung in den seelischen Bereich und einer Resonanz im Geist.

Der Malachit dient vornehmlich der Seele. Er ist eine Kraft, die tief in Deine Aura eingreift. Er ruft Veränderungen hervor, die Dich mit dem Urgrund Deiner Existenz in Verbindung treten lassen. Seine Aufgabe ist es, die Seele zu reinigen. Er macht Dich nachdenklich, intensive Gefühle, Erholung von den Wirren der Welt. Nutze ihn gut! Als Talisman schützt er Dich vor Anfeindungen und vor erotischen Belästigungen. Wenn du ihn trägst, entscheidest Du selbst, wer sich Dir nähern darf.

Geistig regt er Dich zu Reflexionen über den Sinn des Lebens an, woher du kommst und wohin du gehst. Er hilft Dir das Gute und das Schlechte zu differenzieren. Venus (6), Tarot 15, der weibliche Aspekt der Instinkte und der Sexualität.

35 Mondstein bunt

Körperlich dient er dem lymphatischen System. Er reinigt den Körper von Streßablagerungen und hält die Akupunkturbahnen frei. Gut für die Erholung von Anstrengungen aller Art. Es mag sein, daß Dir ein leichter Schauer über den Körper läuft. Das wäre der Reflex der Heilung, erfrischend und Spannung lösend, befreiend.

Mondstein ist gut für die Seele, er heilt, behütet, erholt und erfrischt. Mondstein dient den Frauen, dem weiblichen Energieanteil in allen Wesen. Daß er zum Planeten Mond gehört, versteht sich von selbst, Zahl 2.

Wenn Du als Frau mit magischen Ritualen arbeitest, darf der Mondstein auf keinen Fall fehlen. Kaufe Dir einen Beutel Mondstein, sortiere die Steine nach ihren unterschiedlichen Färbungen und lege damit Mandalas auf Deinem Altar. Ergänze die sanften Mondsteine mit anderen Steinen Deiner Wahl. Achte darauf, daß in Deinem Mandala durch die Form und die Position der Steine Deine Ziele zum Ausdruck kommen. Es kann eine sehr gute, aufbauende und selbstanalytische Therapie sein, die Dich zur Beherrschung Deiner Weiblichkeit führt und ebenso die Männer besser verstehen läßt. Im Tarot hilft er Dir auf Stufe 14, den Ausgleich schaffen, und der Mondpriesterin auf Karte 2 und Karte 18.

36 Moosachat

Moosachat erfaßt in sich die Kräfte des Achat mit einem
intensiven Einfluß heilender Mond- und Neptunkräfte. Seine
grüne Farbe beruhigt. Nutze ihn für die Erholung Deiner Seele
von den Konflikten mit der materiellen Welt.

Moosachat ist gut geeignet für schützende Ketten und Ringe.
Du kannst Dir eine Kette ums linke Fußgelenk binden, oder eine
Brosche an die linke Seite stecken, oberhalb des Herzens. So
behütet er Dein Herz.

In ihm wirken Mondkraft, Zahl 2, und Neptun, Zahl 7. Wie Achat
ist er eher ein männlicher Stein, doch er dient und entspricht
der Heilkraft der Medizinfrauen. Zu ihm gehört die Heilerin,
Mondkarte 18 im Tarot.

Um seine Kräfte optimal zu nutzen und zu ergänzen, kaufe Dir
eine Scheibe aus poliertem Moosachat, setze darauf einen Ring
aus Kupfer und auf den Ring eine Kugel aus Rosenquarz.
Das wäre eine optimale Anordnung, um die teils männlichen
Kräfte (Achat), teils weiblichen (Rosenquarz) mit dem Element
Kupfer zu verbinden, daß allen Wesen zu eigen ist. Diese
Anordnung ist ein magisches Instrument.

37 Onyx, schwarzer Onyx

Schwarzer Onyx ist ein Stein der Verschwiegenheit. Er macht Dich still und nachdenklich, und er kann Dir helfen, Deine geheimen Anlagen und Fähigkeiten vor anderen zu verbergen. Er ist still, kraftvoll und wirkt beruhigend und ausgleichend auf die Seele.

Schwarzer Onyx am Körper getragen bietet Schutz vor fremden Einflüssen. Dein Blick wendet sich nach innen und wird weniger vom Außen abgelenkt. Der Prozeß der ZEN Meditation ist ihm verwandt. Auch hier wenden wir den Blick in die Stille, ins Nichts.

Mit Schneekristall entsteht sofort eine Kraft, die stark an die elementaren Kräfte von Yin und Yang erinnert. Es sind zwei ungleiche Brüder, die Innen und Außen zu einem harmonischen Ganzen vereinigen. Diese zwei Steine können in kleinen Kristallröhrchen gemischt werden. Dann ergänzen sich ihre Kräfte, ohne sich zu behindern.
Im Onyx schlummern die geheimen Kräfte des Uranus (4), ein Stein der verborgene Kräfte konzentriert und überraschend einsetzt. Tarot Karte 4, er hilft dem Kaiser seine Macht auszuüben, und Karte 13, er hilft Dir die Krise zu bewältigen.

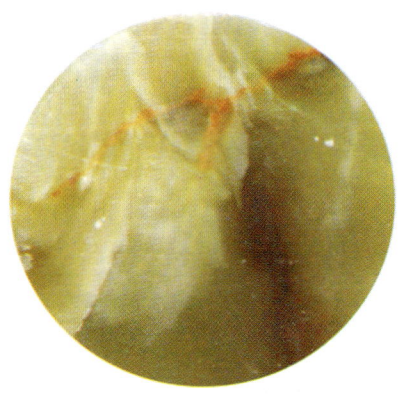

38 Grüner Onyx

Grüner Onyx war in zahlreichen früheren Hochkulturen von großer Bedeutung, um Figuren und Einrichtungsgegenstände für die Herrscher, Priester und Tempel anzufertigen. Geistig verbindet er uns mit den Kulturen des alten Persien, Babylon und Ägypten, bis hinunter in den Sudan.
Größere Mengen an grünem Onyx und Alabaster schaffen sofort die Atmosphäre eines Tempels, eine religiöse Stimmung. Doch sie sind nur der geistige Rahmen für spirituelle Orte. Die geistige Arbeit selbst wird eher durch die noch edleren und selteneren Kristalle gefördert. In Verbindung mit Achat schafft grüner Onyx eine sanfte, andachtsvolle und zugleich energische Atmosphäre. Grüner Onyx und Achat sollten jedoch nicht in Kristallstäben gemischt werden. Gegenstände aus grünem Onyx passen auf fast jeden Altar, z.B. als Kerzenleuchter. Im Unterschied zum schwarzen Onyx ist der grüne Stein ein Kind des Neptun, Numerologie Zahl 7.
Tarot: Grüner Onyx schafft die Rahmenbedingungen an den Schwellen Deiner spirituellen Entwicklung, Karte 10, das Rad des Lebens, und 20, das jüngste Gericht, doch er bewirkt nicht die Veränderung. 4 große Kristallsäulen mit grünem Onyx am Eingang oder im Haus verteilt, schaffen eine Tempel-atmosphäre.

39 Opal, roter Opal

Roter Opal wirkt auf Dein Herz. Es ist ein sehr starker Stein, der das Innerste nach außen kehrt. Du kannst Dich nicht verstecken. Erkenne was Dein Körper braucht! Er regt den Blutkreislauf an und die Herzkranzgefäße. Er ist ideal für Menschen, die Herzensleid haben oder deren Herz an den Schwierigkeiten des Lebens krankt. Als Ring getragen dient er dem Herzen Tag und Nacht. Er ist gut gegen Angina Pectoris. Nutze ihn, um voranzukommen in der Befreiung von alten Ängsten, die Dir das Leben schwer machen. Im Blut regt er die optimale Zusammensetzung an. "Nicht verzagen, es geht voran und Du bist nicht allein!" Das ist seine Botschaft.
Ein kleiner Kristallstab kann Wunder wirken. Trage ihn stets bei Dir. Die Seele dient der Verständigung von Körper und Geist. Der rosarote Andenopal dient der Verbesserung dieser Kommunikation. Er macht es Dir leichter, Gefühle zu erwidern und Menschen positiv anzusprechen. Lebe mit ihm wie mit einem Freund.
Es ist ein passendes Geschenk für zwei Freunde.
Tragt abwechselnd den roten und den blauen Opal.
Der Geist fühlt die Wärme, die er vermitteln kann, und das wirkt beruhigend. So verliert der Geist die Nüchternheit, die ihn heute oft umfängt. Er geht mehr auf die Gefühlsebene ein, wirkt

nicht mehr so kalt. Er verliert das verstandesmäßige Kontrollieren und paßt sich dem berechtigten Bedürfnis der Seele an. Geistige Wärme findet sich nur bei reichen Seelen. Das kann der rote Opal, z. B. aus den Anden, vermitteln. Andenopal hat stärker als andere edle Kristalle die Eigenarten seiner Herkunft aufgenommen. Die Inkas nutzten ihn als Stein für die Edelsten ihres Volkes, für Priester, Fürsten, Helden und natürlich als Geschenk für die schönsten Frauen. Über einen Andenopal kannst Du Dich mit den Schwingungen der Inkas in Verbindung setzen. Das kannst Du für magische Zeremonien nutzen.

Die Inkas waren großartige Baumeister, Sternendeuter, Heiler und Magier. Fertige Dir ein breites Armband aus Leder, bestücke es mit roten und blauen Opalen und trage es am linken Oberarm, auf der Herzreflexzone.

Der rote und rosafarbene Adenopal ist der Venus zugeordnet, Zahl 6, Liebe, Gefühl und Hingabe in all ihren Spielarten. Tarot Karte 6 und 15, die Liebe am Scheideweg und die willentliche Nutzung von Liebe und Erotik. Nur wenn Du die Kräfte der Liebe begreifst und genießen lernst, kannst Du auch Deine spirituelle Entfaltung vervollkommnen. Je mehr wir uns der Vollkommenheit nähern, desto weniger können wir Teile unserer Vollständigkeit ausklammern oder ignorieren.

40 Blauer Opal

Nicht von ungefähr ist der blaue Opal sein Gegenstück. Er liefert die erfrischende Kühle des Geistes, die gefühlsstarke Menschen oft vermissen lassen. Alles schwülstige ist ihm fremd. Er möchte die Sachlichkeit, die Klarheit und die Reinheit fördern. Blauer Opal ist ein Wunder der Natur. Hier wurde etwas mehr Geist eingefangen und in wunderschöne Kristalle gebunden, als anderswo. Nutzt ihn, um euch geistig anzuregen. Er aktiviert das 3. Auge und fördert Deine Hellsichtigkeit. Seelisch wirkt er ausgleichend und beruhigend. Gefühlsstreß wird gedämpft und beruhigend ausgeglichen. Wallungen werden geglättet. Er macht Dich wieder klar und im positiven Sinne berechnend, wenn Du einmal die Kontrolle verloren hast. Auch die Seele braucht einmal Entspannung. Er kann sie vermitteln. Der Körper erholt sich, wenn Du den blauen Opal bei Dir trägst. Er wird ruhiger und gewissenhafter seine Aufgaben erfüllen. Die Mineralstoffebene wird angeregt und heilt, soweit sie aus dem Gleichgewicht ist. Gepulverter Opal könnte bei Darmleiden helfen.
Sein Planet ist Merkur (5), der Götterbote, Kommunikation. Er fördert gute Geschäfte. Zu ihm passen der Hohepriester, 5, und der gereifte Eremit, Karte 9. Für einen Mann entspricht ihm auch gut die Karte 17, die Botschaft der Sterne auf Erden.

41 Peridot

Peridot ist gut für gesundes Blut, für die Leber und gut für die Nieren. Trage einen kleinen Kristallstab mit möglichst hochwertiger Qualität in der rechten Hosentasche oder trage ihn als Halskette. Gib einer sehr langen Kette mit sehr vielen kleinen Perlen den Vorzug, so daß Du sie mehrfach um den Hals legen kannst. Auf diese Weise kommt seine Wirkung besonders gut zur Geltung. Er dient den einsamen Menschen, die Zugang finden wollen zum innersten Geheimnis ihrer Seele, ihres Lebens. Gnade jedem, der es begreift! Heilendes Grün erfüllt Deine innere Sicht, wenn Du auf ihn meditierst. In Indien pflegten die Tantramädchen, wenn sie es sich leisten konnten, sehr lange feine Ketten vielfach um ihre Taille geschlungen zu tragen. Es sollte ihnen helfen, ihre sexuelle Lust zu beherrschen, um Schritt für Schritt in immer höhere erotische Dimensionen aufzusteigen, statt schon am Anfang die Beherrschung zu verlieren und sich einfach nur hinzugeben. Meist bekamen sie es von ihrem Liebhaber geschenkt. Planet ist Venus (6), die Aphrodite, die aus dem grünen Meerwasser steigt. Im Tarot ist es die Karte 6, die Liebenden, nachdem sie sich entschieden haben, und die Karte 15, wenn sich die durch Erziehung verdorbenen sexuellen Bedürfnisse normalisiert haben und als vitale, erotische Lust ausgelebt werden können.

42 Perlmutt

Wie passend, daß nach Peridot Perlmutt kommt, vom
meergrünen Stein zum Stein aus dem Meer. Perlmutt dient der
Stoffwechselregulation und dem Calzium-Haushalt in eurem
Körper. Es kann mit Kaua Shell und Sand vom Atlantik
gemischt werden, um seine intensive Wirkung zu entfalten. Ein
gemischter Stab für Gesundheit und Fruchtbarkeit, besonders
für Frauen. Es wirkt befreiend, es nimmt Spannungen von
unseren Schultern. Es wirkt beruhigend, wärmend, das Gefühl
im Meer zu liegen und gewiegt zu werden. Perlmutt trägt Dich
auf sanften Schwingen zu den Ufern des ewigen Meeres,
zurück an die Gestade, an denen wir vor Urzeiten dem Meer
entstiegen sind. Gehe zurück an die geistigen Wurzeln unseres
Lebens, als es von der Erde Besitz nahm. Es wird Dir ganz
neue Einsichten bescheren, auf eine sehr sanfte, feine Art und
Weise. Lerne zu erkennen, daß die Muscheln mit ihren Schalen
kosmische Schwingungen auffangen und daraus ihre wunder-
vollen Behausungen wachsen lassen. Nutze Du diese Kraft der
Muscheln, um den Klängen des Kosmos zu lauschen. Die Tiere
haben viele Schwingungen eingefangen: Planeten sind Venus
(6), Neptun (7) und der Mond (2). Im Tarot gehören diese Kräfte
zum Rad des Lebens (10) und zum Universum (21). Fühlst Du
die Bewegung des Weltenrades in Dir und in den Muscheln?

43 Kaua · Perlmutt

Die Muscheln aus dem südlichen Pazifik haben eine ganz
andere Schwingung als die gröberen, weißen Schalen der
Muscheln aus nördlichen Meeren. Normalerweise sollen wir für
Kristallstäbe in den Energiepyramiden keine Kristallmischungen
verwenden. Nur eine reine Schwingung soll vermittelt werden.
Doch hier handelt es sich um "biologisches Gestein",
gewachsen mit den Kräften aus dem Kosmos, aus dem Meer
und Vermittler sind die kleinen Tiere, die diese Wunder des
Universums einfangen. Mische die Kaua-Muschelschalen mit
etwas Sand vom Meer. Sie sind gut für die Lymphe, den
Kreislauf und für alle Körpersäfte. Sie können helfen bei
Sterilität und Frigidität. Sie helfen euch, wenn ihr wieder mit den
Urkräften des Meeres in Verbindung treten wollt. Man kann sie
für Fruchtbarkeitsrituale nutzen. Sie leuchten in allen Regenbogenfarben, weil sie die Kräfte der Sonne und des Magnetismus
zur Ausbildung ihrer Schale nutzen. Beigeordnete Planeten
sind Uranus (4), Neptun (7), Venus (6) und Mond (2). Bereits
ein römischer Dichter erkannte die Verbundung der Muscheln
zum Kosmos: "Der Mond füttert die Austern!" Im Tarot finden
wir Beziehung zr Hohepriesterin (2), zu den Liebenden (6), zum
Teufel (15) bis zum Universum (21). Ein weit gespannter Bogen
fruchtbarer kosmischer Energie und Entwicklung.

44 Rhodonit

Rhodonit stärkt die Immunfunktionen des Körpers.
Er dient der Entfaltung der Seelenkräfte. Er öffnet die Seele für
neue Impulse. Die Seele beginnt freier zu atmen.
Dem Geist gibt er Ruhe und Ausgeglichenheit. Er lockert die
Verspannungen, die vom Verstand verursacht werden.

Rhodonit ist zwar eher ein erdverbundener Stein, doch er hat
eine ganz spezielle Verbindung zum Gefühl. Wenn Deine
Gefühle entgleisen, wenn Du Dich aufregst, ständig im Streß
bist oder eine laufende Unruhe Dich erfüllt, dann kann Dich der
Rhodonit mit den Kräften der Erde verbinden, ohne daß dabei
die Gefühle abgeschaltet werden. Sie werden nur wieder etwas
ruhiger und normaler.

Unruhige und kopflastige Menschen sollten ihn als Perlenkette
um den Hals tragen. Er ist jedoch nichts für ruhige oder
depressive Menschen. Ein kleiner Kristallstab mit Rhodonit läßt
Dich den Berufsstreß und die Hektik in den Großstädten besser
ertragen. Planet ist Mars (9), der Dir auch hilft, die Arbeit auf
Erden zu erledigen. Durchdringe die Erde mit Deiner Liebe,
handle konsequent. Im Tarot festigt er den Kaiser (4) und hilft
Dir, den Tod zu überwinden (13, Transformation).

45 Rhodochrosit

Ein ganz wunderbarer Stein! Er heilt alte Verletzungen, die Du erlitten hast und festigt das Gewebe dort, wo es verletzt wurde. Schaue ihn einmal genau an. Er ist gewachsen wie rosarotes Fleisch, teilweise durchwachsen mit feinen dunklen Maserungen, die an alte Narben erinnern. So kommt in der Form bereits wieder seine Funktion zum Ausdruck.
Er beruhigt das Herz, die Seele und schenkt Dir intensive Gefühle. Er hilft Dir, Dich in Ruhe und Frieden nach innen zu wenden.
Er gibt dem Geist Frieden und schenkt Dir neues Leben! Nutze ihn gut auf allen Ebenen!
Es lohnt sich, aus schönem Rhodochrosit echten Schmuck zu kaufen, vorzugsweise mit Gold. Das bringt seine Energie am Besten zur Geltung.

Rhodochrosit dient dem Saturn (8). Wenn Du Dich mit Magie beschäftigst, trage ihn als Brosche am linken Revers. Auf der linken Brust, oberhalb des Herzens entfaltet er am besten seine Schwingung. Tarot: Karte 8, ausgleichende Gerechtigkeit, Lösung von Karma, sowie Karte 17, die Sterne, die Verwirklichung von göttlichen Botschaften auf Erden.

46 Rosenquarz

Rosenquarz wurde oft besungen und bewundert. Er wirkt harmonisierend bis ins Zellgewebe! Er bietet eine Erholung für Deinen Körper und gleicht die Akupunkturmeridiane aus. Rosenquarz verleiht der großen Energiepyramide eine weiche, sanfte Schwingung, die alle Menschen ansprechen wird. Er ist gut für die Seele. Es werden viele Erinnerungen wach gerufen. Rosenquarz öffnet das Herzchakra. Er hat eine reine Strahlung, die zu intensiven Veränderungen in Deiner persönlichen Aura führt. Er fördert die Psyche und die Reinheit der Gedankenkraft.
Er bewirkt eine Klärung im Geiste. Für Menschen, die festgefahren sind, werden neue Anfänge möglich. Die geistigen Welten öffnen sich, damit Ihr lernt, auch auf höheren Ebenen zu fühlen. Die heutige Zeit mit ihrer Hektik und Gefühlskälte braucht sehr viel von dieser Energie. Nutzt ihn in den Energiepyramiden, tragt ihn bei Euch und stellt Euch große Stücke ins Haus. Er vertreibt negative Einflüsse. Sein Planet ist die Venus (Zahl 6), Tarot die Liebenden (6, Klärung der Gefühle), außerdem die Hingabe des spirituellen Menschen an seinen Auftrag (17, Sterne) und der Übergang auf die kosmische Ebene, Eins werden mit Allem (21, Universum).

47 Rubin

Rubin ist ein besonders eindrucksvoller und wertvoller Stein. Sein Wert liegt nicht nur in seiner Seltenheit. Nicht nur die edlen, funkelnden Kristalle, auch das Muttergestein hat eine starke Wirkung.

Er stärkt das Blut und die Leber. Seine Wirkung ist so stark, daß Du Dich allgemein gekräftigt fühlst. Du wirst besser mit Deinen Aufgaben fertig. Du hast mehr Erfolg. Du wirst Deine aufgaben auf Erden konsequenter erfüllen.

Er hütet die Seele vor Verletzungen. Rubin hat eine sehr tiefgreifende Wirkung. Lege einen großen Kristallstab auf Deine Brust und meditiere!

Er regt den Geist zu neuen Gedanken an. Das kann Dir neue Impulse geben, wenn Du müde bist. Im Orient tragen die Frauen einen leuchtenden Rubin auf ihrer Stirn. Er festigt ihre Gefühle, schützt sie vor ungewollter Verführung und macht sie doch noch begehrenswerter.

Sein Planet ist die Venus (6), mit etwas Einfluß vom Merkur (5). Er fördert eine gute, intuitive Kommunikation. Im Tarot finden wir diese Kräfte in Karte 6, die Liebenden. Rubin gibt ihnen Stärke gegen äußere Störungen, sowie als Hüter des Übergangs bei Karte 14, Ausgleich. Mit ihm vollzieht sich die Umwandlung schneller und direkter.

48 Meeressand, offener Atlantik, Quiberon

Ich hatte schon immer ein Gefühl für die Kräfte der Natur und für Magie, Alles in Allem sehen ist mein Wesen. Horus hat mich angeregt, Muscheln und Sand mit in dieses Buch aufzunehmen, um den Bezug zu den Kräften der Natur deutlich zu machen. Wenn wir lernen, die besonderen Kräfte der Natur dort zu erkennen, wo sie in Erscheinung treten, dann nutzen wir unsere Chancen und gelangen mit Erde und Kosmos in Harmonie.

Der saubere Sand vom offenen Atlantik auf der Halbinsel Quiberon in der französischen Bretagne trägt die Erinnerungen des Meeres in sich und zugleich das Erbe einer großartigen Kultur. Er sollte stets im Frühjahr entnommen werden, am besten im März, wenn der Winter und das Meer die Schwingung der Touristen entfernt hat. Dann treten seine besonderen Eigenarten deutlich zutage. Sensitive Menschen können sich von seinen feinen Schwingungen inspirieren lassen. Meeressand beinhaltet unzählige Fruchtbarkeitsstoffe seiner Lebewesen und erinnert uns so an die Quelle, aus der wir alle einst gestiegen sind. Das Wasser der Meere ist unsere eigentliche Heimat und irgendwann werden wir dorthin zurückkehren. Als Kristallstab kann dieser Sand beim Menschen, vor allem bei Frauen, in einer sanften Weise anregend und zugleich beruhigend auf die Unterleibsorgane wirken. Er hat also anregende und ausgleichende Kräfte und fördert unseren Bezug zur Fruchtbarkeit. Deshalb fahren wohl auch so viele Menschen jedes Jahr an die Meeresstrände, um sich dort zu paaren. Gibt es eigentlich einen Unterschied zwischen den Menschen und den Lemmingen? Die Menschen fahren wieder nach Hause, und das gelobte Land der Lemminge ist vor langer Zeit im Meer versunken. Deshalb finden sie es nicht.

Im speziellen Fall von Quiberon finden wir die Schwingungen einer besonderen Meeresströmung, die sich dem Land und den Menschen mitteilt. Diese Kräfte haben vor rund 5000 Jahren die hohe Megalithkultur hervorgebracht. Während man in Ägypten, Asien und Amerika Pyramiden errichtete, konzentrierten die keltischen Druiden ihre geistigen Kräfte auf die Errichtung weitgehend naturbelassener steinerner Monumente. Sie bewegten unglaubliche Felsen durch Geisteskraft. Sie sahen in der Kontrolle der Felsen durch den Geist eine hervorragende Möglichkeit, sich selbst und die Natur zu prüfen. Gemeinsam in kleinen Gruppen schufen sie aus dem höchsten Element, dem Geist und dem härtesten Element, dem Fels, eine neue Einheit. Die Megalithe der Bretagne sind z. T. bis heute mental programmiert, ebenso der Sand der offenen Strände von Quiberon, durch den sie bewegt wurden. Benutze nur den Sand von der Westseite, offener Atlantik! Es ist diese besondere Schwingung, die Jahr für Jahr viele Menschen dorthin zieht. Etwas von der großartigen Energie aus einer Blütezeit des menschlichen Geistes schwingt im Sand von Quiberon nach. Unbewußt merken es alle. Nutze die Energie für magische Rituale und Tantra! Der Sand gibt intensive Anregungen für die Rückbesinnung auf eine hohe Kultur. So kann uns diese Schwingung zur Gesundheit der unteren Chakras und zur Öffnung des Geistes anregen. Die alten Magier hatten ein großes Herz. Ohne die hohe und reine Qualität ihrer Seelen hätten sie diese Wunder nie vollbracht. Das klingt in diesem Sand nach und läßt uns die fast erloschenen Spuren vergangener Größe in unserer Seele wiederfinden. Planetenkräfte: Neptun (7), Mond (2) und Venus (6). Tarot Karten 1, 5, 11, 17 und 21. Prüfe es nach!

49 Sand vom Mittelmeer, St. Marie de la Mêr.

Dieser Sand hat eine ganz andere Schwingung als der Sand
von Quiberon. Auch hier haben wir es mit einem sehr
geschichtsträchtigen Boden zu tun. Hier landeten vor
tausenden von Jahren die ersten Seefahrer aus dem Orient.
Hier landete Herkules auf seiner Reise. Hier war eine der alten
Rhonemündungen. So trafen die Kräfte von Orient und
Okzident aufeinander. Der feine Sand von St. Marie de la Mêr
hat mehr Völker, ihre Gedanken und Gefühle ertragen und in
sich aufgenommen, als die meisten anderen Strände im
Mittelmeer. Seine Schwingung kann uns die Geschichte des
Meeres wiedergeben und uns zu Erinnerungen anregen.
Hier wurde der heilige Gral aus dem Orient an Land gebracht,
hier trafen sich die orientalischen und die nordischen Kulturen
und Religionen. Seine fruchtbare Wirkung ist lange nicht so
ausgeprägt wie beim Atlantik-Sand von Quiberon. Dafür schafft
er eine beruhigende und nachdenkliche Atmosphäre, in der wir
uns von der Umwelt abgeschirmt fühlen, ohne isoliert zu sein.
Lerne die Natur zu nutzen und erkenne, daß wir in einer
magischen Welt leben! Planeten: Mond (2), Venus (6) und
Neptun (7). Tarot: Weniger die Linie der Magier und ihrer Kräfte
wie beim Sand von Quiberon, als die Kraft der magischen
Frauen, Karten 2, 3, 6, 18. Nimm Deine Karten zur Hand!

50 Saphir

Saphir ist ein ganz außergewöhnlicher Stein, der an den tiefsten Abgründen der Seele rüttelt. Er führt uns aus grauer Vorzeit, noch lange vor der Zeit der großen Echsen, bis in ferne Zukunft. Nicht von ungefähr sind blaue Saphire die am teuersten gehandelten Kristalle auf Erden, ähnlich den Diamanten. Blauer Saphir ist auch im Muttergestein in feinen Spuren enthalten. Das ist nicht für die Herstellung von Schmuck geeignet, doch für spirituelle Zwecke genügt es vollauf. Saphir ist ein straffendes Element, das uns fest und zielgerichtet macht. Er kann uns eine gewisse Härte verleihen, wenn wir zu weich und nachgiebig sind. Der Seele verleiht er die nötige Straffheit, ohne aggressiv zu wirken. Dem Geist gibt er positive Anregungen, indem er, wie schon erwähnt, die Schwingungen der Äonen und ganzer Erdzeitalter erahnen läßt. Er hat eine sehr hohe und straffe Energie. Er macht Dich stärker und unterstützt Deine Konzentrationsfähigkeit. Nutze ihn als Kristallstab zur geistigen Anregung! Wer sich mit Reincarnationsforschung befaßt, kann durch den Saphir seine Bemühungen verstärken und neue, verborgene Erinnerungen aus dem Urgrund seiner Seele erwecken. Planet Merkur (5), Tarot Karte 5, der Magus, als Kristallstab für den fortgeschrittenen Adepten oder für einen Manager, um seinen Job zu meistern.

51 Smaragd

Die dunkle Qualität dient der Verwirklichung Deiner Macht und Ziele auf Erden. Eine starke Jupiter-Energie . Ein Stein für Macht und den Drang zu leben. Die Fürsten haben ihn getragen um sich zu festigen für ihre irdischen Aufgaben. Körperlich ist er gut für Niere, Blase und Harnstoffausscheidung. Er ist gut für starke Männer, adäquat dem dunklen Rubin für Frauen, aber doch etwas dynamischer. Wenn Deine dunklen Charakterzüge noch nicht ausreichend geklärt und gereinigt sind, dann macht er Dich hart und unerbittlich. Er fördert Deinen Geschäftssinn und Dein Durchsetzungsvermögen. Gib Acht, daß Du der Macht nicht erliegst. Es könnte sein, daß Du Dich überschätzt. Irgendwann wird jeder für seine Fehler bezahlen, vor allem für die Verletzungen, die wir anderen zufügen. Also prüfe gewissenhaft, ob Du reif bist für einen solchen Stein. Er aktiviert das 3. Auge, die Kundalini. Wenn wir in der richtigen Verfassung sind, kann er uns von negativer Energie befreien. Der klare Smaragd dient dem Geist. Er beruhigt, heilt, kühlt und stärkt Deinen Geist, ohne die irdische Macht zu betonen. Er ist wesentlich reiner als der dunkle. Ein Stein für Männer, für Anführer. Neptun (7) und Jupiter (3), Tarot Karte 11, magische Kraft. Er kann die negative Kraft des Teufels (15) stärken oder Dir Kraft geben beim Überwinden der Turm-Phase (16).

52 Sodalith

Sodalith dient dem Körper. Er beruhigt den Kreislauf und kühlt Dich ab, wenn Du erregt bist.

Er dämpft Affekte und heilt seelische Leiden. Ein guter Stein für Ruhe und Harmonie.

Geistig führt er Dich auf eine neue Betrachtungsebene, ohne Dich zu überanstrengen, beruhigend, ausgleichend, Erholung fördernd.

In der Magie schafft er eine Verbindung zum Element Wasser. Mit einem großen Kristallstab Sodalith kann der junge Magus die Kräfte des Wassers und des Unterbewußtseins herbeirufen. Er kann Dir helfen, die weiblichen Kräfte in der Natur besser zu begreifen. Höre auf mit den Frauen zu streiten, genieße das Leben mit ihnen! Dafür mußt Du Dich aber erst würdig erweisen. Sie haben ihre Ansprüche.

Für eine Priesterin dient er der Klarheit und der Festigung Deiner Weiblichkeit. Wenn Du Rituale praktizierst, darfst Du Dich nicht gehen lassen. Sodalith verhilft Dir zu der erforderlichen Festigkeit, ohne Dich hart und engstirnig zu machen. Du darfst Dich und die Männer lieben, aber alles zu seiner Zeit! Planet Mond, Numerologie 2, Tarot 2 und 18, wenn der Mond ins Wasser taucht und sich das innere Auge der Hohepriesterin öffnet, Tochter der Isis.

66

53 Sonnenstein

Der Sonnenstein fühlt die Belange der Menschen und verändert seine Schwingung. So paßt er sich an jeden Träger an. Den Frauen hilft er, die Sonnenkraft und die Männer zu verstehen. Er ist für sanfte Männer geeignet. Die Machos macht er ruhiger und vernünftiger.

Gnade der Seele, die leidet, hier kommt Hilfe! Öffne Dich für das Licht der himmlischen Sphären, diene Gott, bete zu ihm, als Hüter des ewigen Lichts, diene allen Menschen, die es wollen. Nutze den Stein zur Meditation und für die innere Ruhe in Deinem Sonnengeflecht. Kinder lieben ihn. Sie fühlen seine klare Energie im Grenzbereich zwischen Geist und Energie, sanft, männlich, ohne fordernd zu sein.

Für den Magier ist ein Kristallstab mit Sonnenstein gut geeignet, um primitive Schwingungen abzulegen, den Charakter zu festigen und die Stufen der Erkenntnis emporzusteigen. Die Natur begreifen, den Menschen dienen, die eig ene Kraft entfalten. Sat nam. Planet Sonne, Zahl 1, Tarot Karte 1, 11 und 19: Der erwachende Magus, die Anwendung der magische Kraft, und das freie Fließen der göttlichen Energie auf Erden.

54 Tigerauge

Körperlich löst er alte Verspannungen und befreit Dich von Ablagerungen. Gut gegen Arthritis, Arthrose, Gicht, Leberschäden, Gallenleiden. Tigerauge ist ein Stein für verletzte Menschen, damit sie wieder neue Kraft finden. Er aktiviert die seelische Reserve und schenkt Dir neue Energie. Geistig ist er es, der Dich auf Fehler aufmerksam macht, so wie ein Tiger in der Nacht sieht. Schade, daß heute die magischen Gesetze so wenig berücksichtigt werden. Es könnte uns alle fröhlicher und erfolgreicher machen. Die Anwendung von Magie ist kein Machtspiel, sondern ein Lehrstück für die Höherentwicklung des geistigen Menschen. Früher trugen die Krieger überall in ihren Lederrüstungen eingenäht Tigeraugen. Wenn sie diese Macht zu nutzen wußten, machte es sie fast unverwundbar. Tigerauge kann ebenso wie verschiedene andere Edelsteine bei Ritualen verwendet werden. Bei einer Rückführung, die nicht funktionieren will, lege einen Kreis von 23 Tigeraugen um den Klienten und schirme ihn so von fremden Einflüssen ab. Dieser Kristall schützt gegen Angriffen aus dem Jenseits und Du erkennst, wann sie kommen und woher der Wind weht. Planeten: Sonne (1) und Mars (9), A und O. Im Tarot ist es ganz deutlich die Karte 11, die magische Kraft, doch kann er auch dem Teufel, 15, dienen.

55 Diamant

Die Zahl der Facetten an einem Brillanten ist 55. Darum steht dieser Stein hier. Diamanten sind die edelsten Steine, die die Erde hervorgebracht hat. Sie sind aus dem gleichen Stoff, der Euer Leben erst ermöglicht, aus Kohlenstoff. Ohne ihn gäbe es Eure Lebensformen nicht. Diamanten sind Gedanken edler Wesen aus höheren Ebenen. Wenn die Götter weinen, dann materialisieren sich ihre Tränen als Diamanten in Eurer Welt. Verstehe mich recht: Tränen sind Zeichen einer Loslösung von alten Strukturen und stets der Anfang von etwas Neuem. Auch die Götter wandeln sich. Genießt Euer Leben auf Erden, und falls Du einen Brillanten bekommst, denke daran: Gott weinte Tränen der Freude, als ein neues Zeitalter begann. Und siehe, aus seinen Tränen wurden die Kristalle, die Ihr so heiß begehrt. Wenn Du einen Diamanten anschaust, denke daran, er verbindet Dich mit Gott. Aus diesem Grund kann Dich ein Ring mit einem Diamanten immer daran erinnern, auf dem rechten Weg zu bleiben, der Dich irgendwann ins Licht führen wird. Und vielleicht wird sich irgendwann das reine Licht der Erkenntnis in Deinem Diamanten in 55 Facetten brechen und in alle Farben des Regenbogens teilen. Sonne (1), Tarot 17, die Sterne und 19, die Sonne auf Erden.

56 Topas

Er gibt dem Körper neue Kraft und Energie, eine besondere Wirkung, die in dieser Weise kein anderer Stein bieten kann.

Er fördert die Reinheit der Seele, fast so gut wie Brillanten, ein besonders wertvoller Stein für die Seele des Menschen!

Benutze ihn für Geistheilungen! Mit ihm kannst Du reine Energie übertragen, ohne den Menschen durch Deine persönliche Schwingung zu beeinflussen.

Alle anderen Steine außer Brillanten und Topas nehmen die Schwingung des Menschen an, der sie trägt. Bei Zeremonien und Behandlungen wird so stets mit der Schwingung der edlen Steine auch die Schwingung des Therapeuten übertragen. Das mag manchmal gut sein, doch es birgt auch die Risiken der Beeinflussung. Topas nimmt fremde Schwingungen so gut wie gar nicht an. Er schwingt selbst viel zu hoch.

Sein Planet ist die Sonne, Numerologie Zahl 1. Im Tarot paßt er zur Sonne (19) und zum Universum (21).

57 Türkis

Türkis hilft Steine und Ablagerungen im Körper zu reduzieren, vor allem heilt er die Niere und fördert die Ausscheidung von alten Spannungen aus Beziehungsproblemen. Er öffnet den Körper für den geistigen Einfluß, ohne ihn zu entblößen für den Einfluß Deiner Feinde. Er erlöst Dich von allen Übeln, die sich an Dir festgebissen haben. Man sollte ihn aufgeladen unters Bett legen. Er reinigt den Körper und befreit die Seele. Er dient der Besinnung auf Deine tiefliegenden Geheimnisse. Nutze ihn als Stein für Therapiearbeit und für Rückführungen. Alte Erdenleben werden wieder sichtbar. Seelisch macht er Dich widerstandsfähig gegen feindselige Gefühle von Neidern und Widersachern. Nutze ihn für die Befreiung Deiner Seele, für die Freiheit des Geistes. Er nutzt allen, die Schutz brauchen. Mit Türkis gewinnst du Einsichten in die magische Welt der alten Kulturen. Er verbindet Dich mit Tlaloc. Das ist ein alter Sektor Deines Unterbewußtseins, der sich auf die Vergangenheit der Erde bezieht. Er verhindert böse Einflüsse und gibt Dir die Gewißheit, daß Du Dich schützen kannst. Dem Geist ermöglicht er die Anbindung an die gute Erde. Er schafft eine Verbindung zu Gaia. Die Indianer und die indischen Brahmanen nutzten ihn für ihre Gespräche mit den Göttern. Planeten: Saturn (8) und Mars (9). Tarot: 7, 8, 9. Prüfe diese Karten!

58 Turmalin grün

Ähnlich wie Topas ist auch der Turmalin ein sehr starker Stein. Er nimmt nur sehr langsam die Schwingung seines Trägers an, und das auch nur, wenn sein Träger selbst eine hohe Schwingung hat. Du kannst ihn nicht verderben oder entwerten. Er ist ein echter Heilstein. Eine passende Kombination für Heiler wäre Turmalin rot für ihn selbst und Turmalin grün für seine Patienten. Wenn die Energie durch einen geistig offenen Menschen vermittelt wird, wirkt sie sehr heilsam auf andere, die noch nicht so weit sind.

Er ist noch intensiver als der rote, aber etwas einseitiger. Er nutzt nur den geistig Erwachten, die sich schon geöffnet haben. Nutze ihn als Indikator für Deine spirituelle Begabung. Er hilft Dir immer dann, wenn Du Gefahr läufst, vom Weg abzukommen. Dann wird er Dich wieder zurechtrücken und neu beleben, so daß Du Dich wie neu geboren, mit frischem Mut und frischer Kraft auf den Weg machst, der Dich zum Licht führt.

Er vereinigt in sich die Kräfte von Sonne und Neptun, 1 und 7. Im Tarot gehört er dem spirituellen Eremiten (9), der seine Kraft und Erkenntnis mit anderen Menschen teilt (der Heiler). Er kann Dir die Übergangsschmerzen der Karte 12 (Opfer) erleichtern, wenn Du geistig gut entwickelt bist.

59 Turmalin rot

Er bewirkt eine sehr intensive Heilung der Seele. Immer wieder führt er Dich in Bedrängnis und nimmt Dir den Atem durch seine extrem hohe Schwingung. Nutze ihn für die Therapie, für die Befreiung der Seele, für die Freiheit von Geist und Seele von irdischen Verstrickungen. Er ist nicht für alle Menschen brauchbar. Wer sich verweigert, der wird bald Schmerzen empfinden, aber wer sein Herz öffnet, dem verleiht er die Kraft der tief innerlichen Freude und den Mut, voranzuschreiten auf dem Weg der Erkenntnis. Nutze ihn gut für Therapie, Meditation und für die Befreiung Deiner Freude. Freude bedeutet einen Überschuß an Lebensenergie. Wenn Du Dich freuen kannst, geht es Dir auch energetisch gut!

Turmalin rosa

Wenn die Kristalle nur rosa gefärbt sind, dann ist seine Energie nicht so drängend. Das ist ein Stein, um die zarte Seele von Kindern zu heilen. Jungen Mädchen verleiht er Festigkeit und einen klaren Blick für andere Menschen, ohne zu verhärten.

Sonne (1) und Venus (6), Tarot 6, die Liebenden.

60 Zoisit

Er dämpft überzogene Erwartungen, macht Dich ruhiger und gelassener. Die dunkelgrüne bis hellgrüne Färbung vermittelt Erholung, als wenn Du Dich in einen Nadelwald begibst. Du kannst mit seiner Hilfe die Gründe und Abgründe Deiner Seele erforschen.

Er vermittelt Nachdenklichkeit und steht am unteren Ende einer Skala von Körper, Seele und Geist. Das ist keineswegs eine Abwertung. Wir brauchen alle drei Bereiche von Körper, Seele und Geist, und wir brauchen Kristalle als Helfer zwischen den verschiedenen Ebenen. Zoisit hilft Dir bei einem Energie-ausgleich in den unteren Chakras. Er hilft, Gemütszustände zu bereinigen, damit es wieder vorwärts gehen kann.

Die rötlichen und z. T. rotleuchtenden Übergänge zu Rubingestein schaffen einen fließenden Übergang zu den Kräften des Rubin. Es sind die Lichtblicke in einer Seele, die in Aufruhr begriffen ist und nun ein neues Gleichgewicht sucht. Einen Zoisit in der Tasche zu tragen kann Dich beruhigen. Du fühlst die Verbindung zur Erde, stehst sicher auf dem Boden und nimmst die Wallungen Deiner Seele gelassener hin. Er kann das Innerste Deiner Seele nach oben befördern und

bewußt machen, ohne daß es Dich überfordert.
Mit einem Zoisit geschehen diese Wandlungen und Bewußt-
werdungen relativ langsam, aber sicher.
Im geistigen Bereich ist seine Wirkung relativ gering. Dafür
solltest Du stets zusammen mit einem Zoisit noch einen Citrin
oder einen Aquamarin bei Dir tragen.

In kleinen Kristallstäben kann man Zoisit mit Bergkristall
mischen, um in ausgeglichener Weise Körper, Seele und Geist
anzuregen. Zum Reinigen und Aufladen lege sie in eine
Energiepyramide oder regelmäßig in volles Sonnenlicht.
Solche Mischungen sollten jedoch nicht in größerer Menge
angefertigt werden. Sie gehören weder in große Kristallstäbe,
noch in eine Energiepyramide.

Mischungen von edlen Steinen verursachen in größerer
Ansammlung nur Chaos. Die Steine möchten allein wirken,
nicht in gemischten Haufen, die in der Natur niemals
vorkommen. Es hat schon seinen Sinn, daß die Natur diese
edlen Kristalle getrennt voneinander wachsen läßt. Beobachte
die Natur! Sie wird Dir alles zeigen, was Du für Deine
Entwicklung brauchst.

Planetenkräfte: Uranus (4) und Venus (6), eine gute
Kombination, der rebellische Geist der Erneuerung und die
Kraft der Liebe.
Im Tarot paßt Zoisit sehr genau zum Turm, 16, der Umbruch
und ein Neubeginn, Übergang aus der alten materiellen Welt in
die neue geistige Ebene der Sterne (17).

Magische Zepter für Heilung und Energie-Transfer
Kristallstäbe und Orgonstäbe

Mit Hilfe von medialen Botschaften konnte ich 1990 die Energiepyramiden entwickeln. Das war der Anfang einer neuartigen spirituellen Technologie, die sich sehr stark von der heute üblichen materialistischen Technik unterscheidet. 1996 bekam ich von Horus Anweisung, die Energiepyramiden B und C statt mit massiven Acrylstäben mit Rohren auszustatten und diese Rohre mit Edelsteinen zu füllen. Sowohl die Luft in dem Rohr, als auch díe Edelsteine sind von großer Bedeutung. Horus: "Die Luft in der Achse beginnt zu schwingen. Auf diese Weise teilt sich die Energie der weiteren Umgebung mit. Sie schwingt in einem sehr hohen Bereich. Die Luft verbreitet diese Botschaft. Auf diese Weise wird die Energie den Lebewesen in der Umgebung besser bewußt, einmal durch das Energiefeld an sich, zum zweiten durch die Schwingung in der Luft. Füllt Edelsteine in die Achse. Auf diese Weise wird sich die Botschaft der Pyramide nicht nur den Lebewesen mitteilen, sondern ihr erreicht auch das Mineralreich. Seit 2 Jahren haben die Menschen Radarsatelliten in einer niedrigen Umlaufbahn. Diese Radarsatelliten bestreichen täglich mehrmals die gesamte Erde. Sie werden für die Wetterforschung eingesetzt. Die Techniker meinen, diese Bestrahlung sei schwach und ohne

Bedeutung. Aber das ist nicht richtig. Diese
Radarwellen dringen bis zu 40 m tief in das Gestein
ein. Das scheint sehr wenig zu sein, bei einem
Erddurchmesser von rund 12.600 km. Aber das ist
wiederum falsch gedacht. Die Integrität der
Kristallstruktur der Gesteine in der oberen Schicht ist
von großer Bedeutung für das feste Gefüge der Erde.
Diese schwache Radarstrahlung wird auf die Dauer
das Gefüge der Erdoberfläche beeinträchtigen. Das
wird eine Zunahme von Erdbeben provozieren.
Die Menschen werden nicht begreifen, woher es
kommt, weil ihnen die Zusammenhänge nicht bewußt
sind. Mit den großen Energiepyramiden (ab 180 cm
Höhe) mit einer Edelsteinfüllung im zentralen Rohr,
kompensieren wir in einigen hundert Metern Umfeld
die Störungen durch die Radarsatelliten. Das wirkt sich
beruhigend auf die Erde aus. Ihr dürft nicht vergessen,
daß auch die Erde selbst ein übergroßes Lebewesen
ist. Wenn Gaia sich schüttelt, wird die Kultur zerfallen,
die Ihr darauf errichtet habt. Ihr müßt endlich wieder
lernen, mit der Natur in Einklang zu leben und nicht,
sie nur auszubeuten und zu zerstören!"
Wenn wir die zahlreichen Erdbeben, neue Vulkanausbrüche und vor allem Unwetterkatastrophen der
vergangenen 5 Jahre beobachten, kann tatsächlich von
einer Zunahme derartiger Naturereignisse gesprochen
werden. Gerade im Jahr 2000 erlebten wir weltweit
heftige Naturereignisse: Ungewöhnliche Regenstürme,
zahlreiche Erdbeben und mehrere Vulkanausbrüche.
Ich werte das als Bestätigung für die 1996 erhaltene
Botschaft der Lichtwesenheit Horus.
Im Jahr 2000 sind wir dazu übergegangen, die Metall-
verschlüsse zu vergolden. Das gibt den Kristallstäben
eine noch feinere Schwingung. Alles, was wir in eine
Energiepyramide hineingeben, beginnt zu schwingen.
In diesem Fall teilt sich die Schwingung der Kristalle,
die wir für eine Achse auswählen, der Umgebung mit.

So bekommt die Schwingung der Kristalle eine Verstärkung. Sie können uns besser helfen, unser Befinden in eine bestimmte, gewünschte Richtung zu verändern. Die Ergebnisse waren von Anfang an sehr interessant. Wenn wir in einer Seminargruppe mit einer Energiepyramide und den Kristallstäben arbeiten, dann können die Teilnehmer sofort die Veränderungen im Raum fühlen, je nachdem welchen Stab wir hinein-stellen oder -legen. Sogar der Platz und die Richtung, in welcher ein Kristallstab hinein gelegt wird, verändert wiederum das Empfinden der Teilnehmer. Auf diese Weise können wir die Energiepyramiden als Verstärker benutzen, um die Wirkung der Kristalle besser zu erkennen. Umgekehrt können wir die Qualität der Energiepyramiden durch das Hineingeben von edlen Kristallen abstimmen und individuell verfeinern. Auch Menschen, die noch nicht sehr geübt sind in sensitiven Wahrnehmungen, bekommen so eine Chance, die feine Schwingung der Kristalle wahrzunehmen.

Die Kristallstäbe können unabhängig von Modell B (45 cm) verwendet werden, für das sie ursprünglich entwickelt wurden. Bereits ein Stab für sich allein hat eine enorme Wirkung auf Körper, Seele und Geist. Diese Stäbe sind ihrer Wirkung nach wirkliche Magische Zepter, wie sie in der Zeit von Atlantis verwendet wurden. Ein Kristallstab besteht aus einem Polyacrylrohr, vergoldeten Messingverschlüssen und Kristallen. Die besondere Energie entsteht erst durch das Einfüllen der edlen Kristalle in Polyacrylröhren mit den vergoldeten Messingkopfstücken. Durch diese Kombination wird besonders leicht Lichtenergie aktiviert. Die Wirkung der Edelsteine wird durch den Einsatz von Acrylröhren wesentlich verbessert. Polyacryl kann Lebensenergie speichern, verstärken und schwingt in einem sehr hohen Frequenzbereich. Die Energie unserer Aura fließt direkt in den Stab und kann übertragen werden. Gehen Sie also bitte achtsam damit um! Zeigen Sie nicht leichtsinnig auf andere Menschen, denn bereits dadurch fließt Ihre Energie zu dem anderen Menschen! Machen Sie sich bitte bewußt, daß wir kein Recht haben, ungefragt und leichtsinnig andere Menschen zu beeinflussen. Wenn wir diesen Grundsatz der Ethik nicht beachten, schaden wir anderen Menschen und laden uns selbst Karma auf, das dann in späteren Inkarnationen wieder mühsam abgebaut werden muß.

Die Informationen zur Wirkung der verschiedenen Kristallstäbe wurden durch mediale Botschaften von Horus und Junow ermittelt. Wenn Sie es nachvollziehen wollen, setzen Sie sich an einen Tisch. Legen Sie einen Kristallstab vor sich auf den Tisch, so daß die längere Messingspitze dicht vor Ihrem Herzen liegt. Legen Sie die linke Hand auf den Stab, die rechte flach auf den Tisch und meditieren Sie auf die Wirkung. Wenn Sie sensitiv veranlagt sind oder etwas Erfahrung mit Meditation haben, dann entstehen sehr bald starke Strömungen und Gefühle, die Aufschluß geben über die Wirkung der verschiedenen Edelsteine. Parallel dazu channele ich und erhalte eindeutige Empfindungen und Botschaften. Es ist ein gewaltiges, atemberaubendes Gefühl, wenn hier 60 verschiedene Edelstein-Kristallstäbe nebeneinander auf dem Tisch liegen und auf mich einwirken. Wenn wir einen Kristall oder einen Kristallstab einige Zeit in der Hand, am Hals oder in der Hosentasche am Körper tragen, nimmt er die Schwingung des Benutzers an. Hochwertige Kristalle sind jedoch weitgehend unempfindlich für die Eigenschwingung des Benutzers, z. B. Topas, Turmalin, Smaragd, Rubin. Wer einen Stein gegen Krankheiten bei sich trägt, sollte ihn von Zeit zu Zeit in kaltes Salzwasser legen und je nach seiner Art in die Sonne oder nachts ins Vollmondlicht stellen. Auf diese Weise wird negative Ladung entfernt.

Horus 19.10.97: "Die Kristallstäbe sind echte magische Werkzeuge, mit denen es gelingt, Körper, Seele und Geist zu läutern und dem Geist die Freiheit zu verschaffen, die er zur Verwirklichung seiner Ziele auf Erden braucht. Jedes Heilzentrum sollte darüber verfügen oder zumindest informiert werden. Aber erwartet nicht zu viel. Alle Edelsteine setzen voraus, daß der Patient eine neue Schwingung an sich heranläßt, sonst hat alle Mühe keinen Zweck. Überlege, was es bedeutet: Menschen holen die Steine unter großen Mühen aus der Erde. Sie nutzen sie, um wenige Pfennige damit zu verdienen (die Arbeiter in der 3. Welt). Sie werden mühsam aufbereitet von den ganz Armen dieser Welt. Ihr seht die Chancen und doch nutzt ihr die Gabe nicht, sondern kritisiert vielleicht den Preis oder die Verpackung. Die Ehrfurcht des Lebens sollte geweckt werden, wenn ihr diese schönen Steine tragt und in euren Händen haltet. Im neuen Jahrhundert wird man sie erst richtig zu schätzen wissen. Bedenkt, welche Mühe es Gaia kostete, diese Kristalle in ihrem Gitter wachsen zu lassen. Manchmal brauchte es Jahrmillionen für einen wunderbaren Kristall. Und ihr schätzt ihn nicht wert! Ändert eure Meinung. Lernt in Demut dankbar der Erde zu dienen und sie wird es euch tausendfach belohnen. Im Inneren der Erde warten Geheimnisse, die nur wenige erahnen. Nutzt edle Steine auf dem Weg der Erkenntnis zu den wahren Schätzen, die Gaia für euch bereit hält, wenn ihr fähig seid, sie wahr zu nehmen. Sat nam. Durch spezielle Ständer für einzelne Stäbe, im Haus verteilt aufgestellt, könnt ihr die Kraft sammeln. Jedes Zimmer kann eine andere Schwingung erhalten." Später bekamen wir Anweisungen für spezielle Messingfüße, mit denen man einen Kristallstab senkrecht aufstellen kann. Das sieht sehr schön aus. Lesen Sie hierzu das Kapitel über Feng Shui.

Zur Anwendung der Kristallstäbe: Wenn Sie nur einen Kristall-stab benutzen, ohne Energiepyramide, nehmen Sie den Stab mit dem etwas längeren vergoldeten Verschlußteil in die rechte Hand, fahren Sie mehrmals mit der linken Hand von unten nach oben über den Stab. Dadurch wird seine Energie zum kurzen Metallkopf hin ausgerichtet. Wenn Sie mehrere Stäbe zur Verfügung haben, lassen Sie Ihren Klienten entscheiden, welcher Stab ihm am angenehmsten ist. Zu Behandlungs-zwecken legt sich der Klient flach auf eine Decke oder Liege, oder er bleibt ruhig mit hängenden Armen und mit gerade

gehaltenem Kopf stehen. Nicht den Kopf hängen lassen!
Streichen Sie ein- oder mehrmals in ca. 10 cm Abstand von den
Füßen über den Körper bis zum Kopf, vorn und am Rücken.
Dadurch wird die Energie in den Meridianen ausgerichtet und
harmonisiert. Es ist ein Erholungseffekt wie eine sanfte
Massage. Bitte streichen Sie nicht vom Kopf zu den Füßen!
Dadurch würden Sie dem Klienten sehr stark die Energie
herunter ziehen. Das schwächt ihn. Von oben nach unten darf
man nur bei Menschen streichen, die überdreht oder hysterisch
sind, ebenso bei Migräne. Es kann helfen, die Spannungen im
Kopf abzubauen.
Die Atmung ist dabei sehr wichtig. Die Energie fließt am Besten,
wenn der Klient langsam, gleichmäßig und so lange einatmet,
wie Sie über den Körper aufwärts streichen.

Hier noch einmal der ganze Ablauf der Übung: Der Klient atmet
tief aus, dann langsam ein, Sie streichen aufwärts über seinen
Körper, und so lange sollte er ruhig und gleichmäßig einatmen,
dann soll er die Luft anhalten bis Sie fertig sind und erst danach
ausatmen!
Im Bereich der Energiemedizin, in der Arbeit mit Kristallen,
Edelsteinen, Edelmetallen, Objekten der Magie, des
Schamanismus, Amuletten, bis hin zu den wissenschaftlichen
Bioresonnanzmethoden gibt es eine Fülle neuer Zusammenhänge zu entdecken, die dem aufgeschlossenen Menschen
helfen werden, sein Leben konstruktiv zu gestalten, ohne die
permanente Angst vor Krankheit und Schwäche.

Bei Benutzung der kleinen Energiepyramide (Modell A, 18 cm
hoch) können Sie den Kristallstab einfach unten oder in die
Mitte hineinlegen, um ihn aufzuladen. Die beste Richtung ist es,
wenn Sie den Kristallstab von Nordost diagonal Richtung
Südwest hineinlegen. Das ist nach den Regeln des Feng Shui
die Richtung, auf der kreative, schöpferische Kräfte zu uns
hereinströmen: nämlich von Südwest nach Nordost. Das
längere Metallteil zeigt nach Nordost, das kürzere Ende nach
Südwest. Der Stab nimmt diese kreative Strömung auf und

verstärkt den Zufluß in unser Haus. In jedem Fall erfährt eine kleine Energiepyramide mit einem Kristallstab eine Aufwertung und Verstärkung!

Falls Sie ein Modell B (45 cm) der Energiepyramiden besitzen, kann der Kristallstab in der Mitte eingesetzt werden. Sie können aber auch die einfache Acrylachse drin lassen und den zusätzlichen Kristallstab in die Mitte hineinlegen, um ihn für Rituale zu verwenden. Dabei ist die beste Position auf der mittleren Ebene von Nordost nach Südwest wie bereits beschrieben.

Wenn Sie den Kristallstab für Heilbehandlungen verwenden wollen, laden Sie ihn in einer Energiepyramide auf. Streichen Sie sich selbst vor dem Körper von unten nach oben zum Kopf, legen Sie sich dann bequem auf eine Liege oder ins Bett, legen Sie den Kristallstab auf Ihren Körper oder links neben die Herzseite. Versuchen Sie die feinen Schwingungen der Kristalle zu fühlen. Jeder Kristallstab kann uns interessante, positive Anregungen geben. Derartige Methoden helfen bei der Stimulation unserer Selbstheilungskräfte. Sie dürfen jedoch nicht erwarten, daß eine schwere Krankheit mit diesen sanften Methoden aus der Welt geschafft wird. Wer seinen Körper schon viel zu lange schlecht behandelt hat, wer bereits schwere Krankheiten in sich trägt, der wird gut daran tun, einen Naturheilarzt oder einen guten Heilpraktiker zu Rate zu ziehen. Die Kristallstäbe und die Energiepyramiden sind eher geistige Hilfsmittel, die uns den richtigen Weg aufzeigen und die natürlichen Heilungsprozesse unterstützen. Wenn bereits erhebliche Schäden vorliegen, sollten die alternativen Methoden nicht überbewertet werden. Hat man erst einmal mit derartigen Methoden und mit einer verbesserten Lebenshaltung die große Krise überwunden, dann können uns die sanften Mittel helfen, um in Zukunft auf dem richtigen Weg zu bleiben und nicht wieder rückfällig zu werden. Aus den ersten positiven Erfahrungen mit der Edelsteintherapie kann dann eine neue, spirituelle Lebenshaltung entstehen.

Channelbotschaften von Horus, Jupither und Junow

Die Grundlage meiner Lebensauffassung ist seit 25 Jahren Kundalini Yoga, bzw. das von mir auf dieser Basis entwickelte Energytraining. Von besonderer Bedeutung sind dabei die Atemtechniken. Ergänzend scheint mir eine gute Vitaminversorgung wichtig zu sein, sowie eine einfache Routine in der individuellen Ernährung. Dabei ist es von Bedeutung, keine Angst oder chronischen Widerwillen gegen die eigene Nahrung zu entwickeln, nur weil man um die Belastungen weiß. Die langjährige Arbeit mit Kundalini Yoga und anderen Einweihungsmethoden war für mich die Voraussetzung, um die medialen Botschaften von Jupither, Junow und Horus zu verstehen. Damit begann für mich 1990 ein ganz neuer Lebensabschnitt. Es geht mir bei meinen Mitteilungen primär darum, den interessierten Lesern Anregungen zu geben, für eine grundsätzlich positive Lebensauffassung, mit der naturgegebenen Chance, das eigenen Leben kreativ und mit einem gesunden Maß an Freude zu gestalten. Ohne Zuversicht und ohne Freude läßt es sich nicht gut leben! Ich bin christlich erzogen worden. Ich kann nicht sagen, daß dabei viel Freude aufkam. Es war für mich eine ganz neue und sehr schöne Erfahrung, als es mir mit Kundalini Yoga und Tantra gelang, mit diesen göttlichen Wesenheiten in Verbindung zu treten. Die Botschaften von Horus, Jupither und Junow weisen eine ganz andere Lebensqualität auf als das Christentum.

29.7.97, Horus: "Ihr müßt leben, um die neue Ordnung zu schaffen. Das ist es, was jetzt zu tun ansteht. Lebe im Einklang mit der Weltordnung. Du wirst erleben, daß alles neu ins Lot gebracht werden wird. Die Welt braucht eine neue Ordnung. Ihr werdet es schaffen, sie zu installieren. Wir freuen uns über eure Aktivitäten. Ihr könnt euer Leben nach euren eigenen Maßstäben neu einrichten. Lebe jetzt in dem Bewußtsein, daß sich die Erde erneuert und daß ihr selbst daran beteiligt seid! Mit etwas mehr Vertrauen erreicht ihr schnell die notwendige Energie, um die Veränderung herbeiführen zu können. In der

neuen Phase, die jetzt kommt, müßt ihr erst einmal eure
Gedankendisziplin vergrößern. Ihr müßt alle schlechten und
destruktiven Gedanken ausmerzen. Glaubt endlich an den Sieg
des Guten und an eure eigene positive Energie! Ihr habt die
Chance, eure eigenen Vorstellungen einzubringen in die neue
Weltordnung. Ist das nicht ein großartiges Angebot? Ihr seid
definitiv beteiligt an der Gründung eines neuen Zeitalters. Laßt
uns jetzt beten:

> Am Anfang war Gott, war alles gut.
> Jetzt sind wir und alles wird werden
> wie wir es in unserem Herzen ersehnen.
> Die Güte des Herzens sei der Maßstab
> für das Leben auf Erden.

Alles was zählt, ist die Freiheit der Lichtwesen, die sich in
dieser Welt manifestiert haben. Wir sind hier hineingeboren um
Gutes zu tun. Das bedeutet schlicht und einfach: leben wie Gott
uns geschaffen hat. Lebe von nun an ganz bewußt in der
Gnade eines Gottes, der Dich liebt. Die Verbreitung von Freude
ist sehr hoch einzuschätzen. Sie bringt Liebe zu den Menschen
und Licht in die Welt. Entscheidet selbst, wo ihr stehen wollt.
Die Richtlinien, nach denen Ihr arbeiten sollt, sind alle schon
bekannt. (Die Mitteilungen stehen in den "Botschafften aus dem
Licht" und in der "Ethik des Neuen Menschen".)

Die Neuen 4 Gebote:

Reinheit der Seele ist das 1. Gebot
Liebe zum Nächsten ist das 2. Gebot
Gnade dem Bösen ist das 3. Gebot
Rechtschaffenheit auf Erden und im Himmel
ist das 4. Gebot

Das Universale Gesetz

1. Alles ist in Allem enthalten
2. Alles spiegelt sich in Allem
3. Alles ist geschaffen aus dem Licht

Horus: "Gebt der Erinnerung Raum, daß Ihr aus kosmischen Gefilden geboren wurdet, hinein in menschliche Leiber. Gebt Euch der Vorstellung hin, daß Euer Leben niemals enden soll, meditiert darauf! Ihr seid geboren aus dem Licht der Wahrheit, Ihr seid Kinder der Ewigkeit, die nur für wenige Augenblicke auf Erden weilen. Diese Welt ist eine Gabe Gottes. Ihr seid wahrlich wundervoll beschenkt worden. Gebt nun dieser Gnade Raum in Euren Herzen! Ihr müßt selbst immer wieder entscheiden, ob und wie es für Euch weitergehen soll. Gebt Euch die Chance, weiterhin zu leben auf einem blauen Planeten. In diesem Sinne: Achtet auf Gedankendisziplin, arbeitet aktiv mit den Energie-pyramiden, um Eure Aura zu reinigen. Nutzt diese kreativen Impulse, um Euer Leben schön und erfolgreich einzurichten. Wir bleiben in Verbindung!"
In diesem Sinne wünsche ich Ihnen viel Freude bei neuen Erfahrungen mit den Kristallen. Pauschal kann man sagen, daß Kristalle bereits aufgewertet werden, wenn man sie auf polierte Acrylplatten stellt oder in einem Ring aus Polyacryl aufbewahrt.

Botschaft von Horus 11.1.96: "Eine Bergkristallspitze an einer Silberkette bündelt die Energie, wenn man sie um die Spitze der Energiepyramide hängt. Wenn man sich danach die Kette wie-der umhängt, harmonisiert die Strömung aus der Bergkristall-spitze den Energiefluß in den Meridianen. Die Menschen sollten intensiv atmen lernen, um die Energie besser aufnehmen zu können. Damit stellen wir uns auf zukünftige Energieverhält-nisse ein. Das Energieniveau auf der Erde wird zunehmen, sowohl qualitativ wie auch quantitativ. Bei Besessenheit kann eine Bergkristallspitze an einer Silberkette eine große Hilfe sein. Aufgeladen in der Energiepyramide stabilisiert sie den Träger den ganzen Tag und die ganze Nacht und wehrt negative Kräfte

ab. Durch die innere Harmonie werden die negativen Kräfte abgeleitet."
"Für Euch sind es edle Steine, aber es sind edle Gefühle von höheren Wesen." Junow

10.3.96 21.00 Horus: Die große Pyramide C mit Rosenquarz ist sehr wichtig. Er hebt die Gefühle an. Viele Menschen sind nicht in der Lage, die reine Schwingung des Bergkristalls umzusetzen. Rosenquarz liefert ihnen eine emotionale Energie, die ihr Herz stärkt. Das ist besonders wichtig für Menschen mit Angst um ihr Lebenswerk. Heute sind viele Menschen in Furcht, daß ihr Werk nicht vollendet wird. Bergkristall braucht viel Aufmerksamkeit, um richtig zu wirken. Am Besten dient er den Meistern. Wer sich spirituell entwickelt hat, dem dient Amethyst gleich einer fortdauernden Therapie. Er reinigt die mentale Umgebung, in der ihr lebt.
Turmalinstäbchen leiten Energie aus Akupunkturpunkten ab, bei Neuralpunkten wird Energie eingeleitet. Moosachat heilt den Körper. Er ist gut für Heilungszeremonien bei gesundheitlichen Schäden, nicht bei den seelischen Folgen. Moosachat fördert den Stoffwechsel. Aventurin ist gut für die Klärung des Bewußtseins. Achat dynamisiert die Pyramide und sollte unten hineingelegt werden. Granatsplitter weisen hervorragende Eigenschaften auf: Sie schützen vor Pilzbefall, vor Bakterien- und Virusinfektionen, konkret auch vor Salmonelleninfektionen und ihre Schwingung stabilisiert und heilt die Dünndarmfunktionen. Ein einzelner Granat hat diese Wirkung nicht. Die spezielle, besonders heilungsfördernde Wirkung entsteht erst bei einer Ansammlung von Splittern."
Wer eine große Energiepyramide im Garten hat, sollte gerade bei Regenwetter seine Edelsteine hineinlegen. Bei Regen, gerade im Winterhalbjahr, ist die Luft negativ ionisiert. Das fördert die Energie. Die edlen Steine werden gewaschen, gereinigt durch Wind und Wasser und zugleich neu mit Energie aufgeladen. In allen Energiepyramiden werden negative Ladungen von Edelsteinen und Schmuck entfernt. Wenn wir z.B. schöne Bergkristallspitzen an eine Ecke stellen, verstärken

wir die Abstrahlung an dieser Ecke. Man braucht Ruhe und Geduld für die Wahrnehmungen. Die Energie, die ausgestrahlt wird, kann also mit etwas Gefühl und einigen schönen Steinen dirigiert und in einer sehr persönlichen Weise verändert werden, ohne daß sich die Grundschwingung verschiebt.

Horus: "Die Kristallstäbe dienen ausschließlich dem Licht. Alle Steine und Kristallstäbe müssen in einem B- oder C-Modell initiiert werden, z.B. hier im Kyborg Institut. (Machen wir!) Außerdem ist es gut, sie von Zeit zu Zeit zu reaktivieren. Je nach Beanspruchung in der Umgebung sollten sie ihre positive Aktivität mit einer Ladung der Pyramidenenergie bis zu sechs Wochen halten. Das A-Modell ist zum Aufladen geeignet. Ganz ohne Energiepyramide haben sie weniger Kraft. Alle edlen Steine werden aufgewertet und oft erst in ihrer natürlichen Weise reaktiviert, wenn wir sie der Pyramidenschwingung aussetzen. Die heutige Umgebung in der Zivilisation läßt den eigentlichen Wert edler Steine oft gar nicht mehr richtig zur Geltung kommen. Es kann sogar sein, daß Steine negative Ladungen aus ihrer Umgebung aufnehmen und so ganz anders erscheinen als sie in Wirklichkeit sein sollten. Dieses Mißverständnis und diesen Mißbrauch können wir durch den Einsatz der Energiepyramiden korrigieren. Wir werden diese Arbeit fortführen. Es gibt noch viel zu tun!" Junow.

Im alten Persien hießen die Hohepriester Magus. Ziel der Magier, Priester und Schamanen war es, das Universum zu begreifen und das Rätsel unserer Existenz zu lösen. Durch die Channelbotschaften der Lichtwesenheiten habe ich ein sehr feines und differenziertes Gefühl für die Wirkung edler Steine bekommen. So wurde mir auch wieder bewußt, warum und wie wir früher die Edelsteine für magische Zwecke verwendet haben. Mit dieser Arbeit bin ich dem großen Ziel wieder einmal einen Schritt näher gekommen. An dieser Stelle möchte ich mich noch einmal bei meinen Geistigen Führern bedanken, daß sie meine Bemühungen akzeptiert haben und mir ermöglichen, diese Botschaften niederzuschreiben.

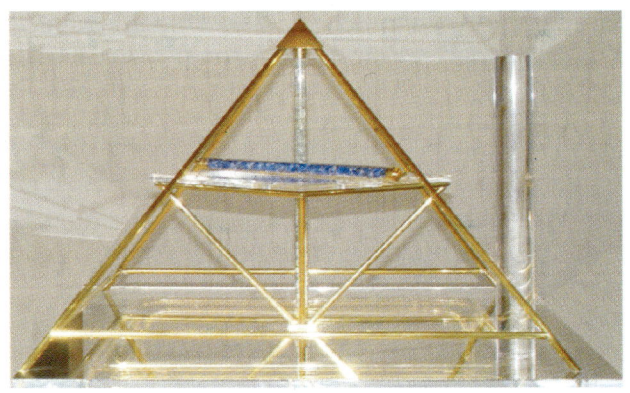

Magische Orgonstäbe

Die ersten großen Energiepyramiden wurden mit massiven Acrylachsen entwickelt (1990-95). Polyacryl hat sich als ein synthetischer Stoff erwiesen, der große Mengen Bioenergie speichern kann. Polyacryl ist einfach ausgedrückt synthetisches Holz und kann auch so verarbeitet werden. Bereits vor 30 Jahren befaßte ich mich als Biotechniker mit Polyacryl. Damals arbeitete ich im Kernforschungszentrum Karlsruhe. Es zeigte sich, daß Polyacryl als moderner Kunststoff erstaunlich gut gegen Strahlung isolieren konnte. Seine Speicherfähigkeit für Bio-Energie muß etwas mit seiner Lichtleitfähigkeit zu tun haben. Wichtig dabei ist eine polierte Oberfläche. Wenn Sie einen Acrylstab in die Hand nehmen, können Sie schnell fühlen, daß er sich durch unsere Körperwärme und Energie aufläd. Wenn dann eine andere Person den Stab in die Hand nimmt, bekommt man leicht ein Gefühl für die 1. Person. Die Empfindungen bzw. die Schwingung einer Person wird also übertragen. In ähnlicher Weise wird auch andere Energie in den massiven Stäben gespeichert und für einige Zeit bewahrt. Polyacryl hat also einen Kondensatoreffekt. Das können wir uns in der Energiearbeit zunutze machen. Sie können Acryl z.B. mit der beim Reiki fließenden Energie aufladen. Wenn Sie eine Energiepyramide benutzen, ist der günstigste Platz zur

Aufladung eines Orgonstabes die Südwestecke (siehe Foto S.88). Stellen Sie den Stab vorsichtig für 10 Minuten senkrecht innerhalb des Metallrahmens hinein. An dieser Stelle kann er auch in der Pyramide stehen bleiben, wenn Sie ihn nicht brauchen.

Wenn Sie durch einen polierten Stab hindurchsehen, der vorher 5 - 10 Minuten in einer Energiepyramide gestanden hat, werden Sie entdecken, daß die beiden Enden plötzlich unterschiedlich auf unser Auge wirken. Das obere Ende strahlt mehr und wirkt heller, das untere Ende wirkt beruhigender, als wenn die Strömung von uns weg führt. Manchmal sind auf der einen Seite milchige Strömungen sichtbar, die vom anderen Ende her nicht zu sehen sind. Ich gehe davon aus, daß die Energiepyramide in einem Orgonstab eine Energieströmung verursacht.

Es funktioniert ebenso, wenn ein Heiler diesen Stab zwischen seine Hände nimmt und auflädt. Natürlich sind das alles subtile Sinneswahrnehmungen. Wir bekommen durch die Verwendung der Acrylstäbe ein anderes Gefühl für die Energie, die uns umgibt und durchdringt. Wir können diese Energie, ähnlich wie bei den Kristallstäben, auf den menschlichen Körper übertragen und z. B. die Meridiane regulieren und Blockaden beseitigen. Man kann einen Acrylstab aufladen und mit ins Bett nehmen bzw. einem kranken Menschen ins Bett geben. Wenn Sie danach eine unangenehme Schwingung von der Krankheit an dem Stab feststellen, dann lassen Sie für eine Minute kaltes Wasser über den Stab laufen. Damit wird die negative Odung entfernt. 'Od' ist der alte germanische Begriff für unsere Lebensenergie. Daher auch der Name Odin, der Gott, der uns den Lebensatem eingab, uns also zum Leben erweckte. Die Schwingung eines Wortes ist Mantram, ist magischer Klang. Aus dem Klang eines Begriffs in einer anderen Sprache können wir etwas über die darin verborgene Bedeutung erfahren. Od entspricht sehr genau dem chinesischen Feng Shui. Od drückt das Fließen einer subtilen Energie aus, fast unsichtbar ähnelt es Wasser und Wind.

Wir sollten die alten Begriffe unserer Vorfahren erinnern und nutzen. Denn wir selbst sind ja diese Vorfahren gewesen! Wir

selbst haben in vielen Inkarnationen an allen wesentlichen
Epochen der Menschheitsentwicklung teilgenommen. Wir selbst
waren Magier, Priester und Pharaonen. Wir erlebten die Höhen
und Tiefen der verschiedenen Epochen. Lernen wir also aus der
Vergangenheit, um das Jetzt zu meistern, von unserer eigenen
Geschichte zu lernen und die Zukunft sinnvoll zu planen und zu
gestalten.

Wenn wir mit einem Kristall- oder Orgonstab über den Körper
streichen, der zuvor in einer Energiepyramide aufgeladen
wurde, dann bekommen viele Menschen ein Gefühl für ihre
eigene Aura. Das ist eine sehr schöne Erfahrung. Es erweitert
die sensible Wahrnehmung. Über gesundheitlich relevante
Erfahrungen möchte ich lieber nicht berichten, da schon eines
meiner Bücher über die Energiepyramiden verboten wurde, weil
es der deutschen Krankheitsindustrie im Weg war. Positive
Effekte können auftreten, das ist jedoch keine Anleitung, um auf
vielleicht erforderliche ärztliche Behandlungen zu verzichten.
Bei der Anwendung derartiger Methoden ist jeder Mensch selbst
für sein Leben und seine Gesundheit verantwortlich, und er muß
selbst entscheiden, welche Hilfsmittel er nutzt.

Experiment: Machen Sie folgenden Versuch, legen Sie einen
Orgonstab waagerecht quer über ein Buch oder ein anderes
geeignetes Stativ. Halten Sie Ihre linke Hand auf die eine Seite

des Orgonstabes und Ihre rechte
Hand vor das andere Ende. Sie
werden bemerken, daß Sie durch
den Stab hindurch deutlich die
Energie spüren, die zwischen
Ihren Händen zirkuliert und vom
Stab verstärkt wird. Verstärkt
durch den Stab werden Sie sogar
merken, in welcher Laune Sie
selbst sind. Was Sie da fühlen, ist
Ihre eigene Energie! Der Orgonstab macht uns unseren eigenen
Zustand bewußt.

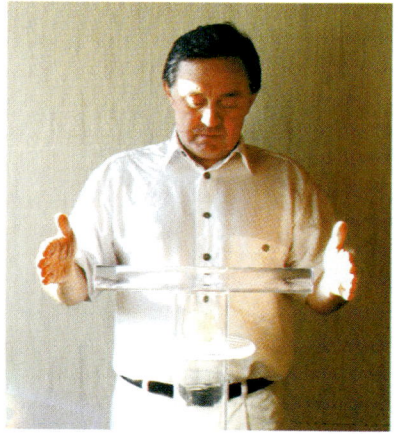

Selbst wenn ich vorher noch ernst und sachlich war, reizt mich diese kleine Übung regelmäßig zum Lachen. Es ist ein Ausdruck meiner inneren, stets positiven Lebensenergie. Wer auf diese Weise seine eigene Energie fühlen kann, der bekommt einen positiven Kick. Das ist sehr schön. Es verursacht richtig gute Laune.

Nehmen Sie nun einen Edelstein in die rechte Hand und halten Sie ihn vor das Ende des Stabes. Fühlen Sie, wie die Schwingung des Edelsteins durch den Stab übertragen wird. Besonders deutlich wird die Übertragung, wenn Sie eine Bergkristallspitze ans Ende halten. Auf diese Weise können wir lernen, wie die subtilen Kräfte wirken. Die persönlichen Erfahrungen helfen uns bei der Entfaltung unserer sensitiven Kräfte. Darin liegt unsere Zukunft!

Die Wirkung der Acrylstäbe ist ähnlich wie bei Orgonstrahlern und kann je nach Modell sogar wesentlich intensiver sein! Darum habe ich für sie den Begriff Orgonstäbe gewählt. Bei der Arbeit mit den Kristall- und Orgonstäben haben wir wertvolle Erkenntnisse gewonnen über die Wirkung feinstofflichen Kräfte in der Natur.

Auf der mittleren Ebene einer Energiepyramide liegen die beiden halben Biokondensatorplatten. Achten Sie bitte darauf, daß der Schnitt zwischen den zwei Platten von Nordost nach Südwest weist, und nicht NW-SO. Nach der Feng Shui Lehre strömt beständig kreative Energie in einer diagonalen Strömung von Südwest Richtung Nordost um den Globus. Ich gehe davon aus, daß es sich um Strömungen des Curry-Gitternetzes im irdischen Magnetfeld handelt. Die Strömung im Currygitter ist mit der Rute gut zu fühlen und weist in Mitteleuropa eine Abweichung von ca. 42,5° von der N-S-Achse auf.

Wenn Sie Ihren Orgonstab waagerecht auf die mittlere Ebene in eine Energiepyramide legen, dann beachten Sie bitte, daß der Stab ebenfalls von NO nach SW hineingelegt wird. Bleibt der Stab darin liegen, verstärkt sich sehr schnell der Zustrom kreativer Energie. Ich möchte diese Anordnung als "Energie-Browser" bezeichnen. Es macht Spaß, es macht kribbelig, es erzeugt offensichtlich einen Energieüberschuß!

Mit einem einzigen sanften "Strich" von den Füßen zum Kopf (nicht zurück!), können wir den Energiefluß in den Meridianen aktivieren und harmonisieren, genau wie beim Heilen durch Handauflegen. Wer sich mit Reiki auskennt, kann seine heilenden Hände durch die Verwendung dieser verschiedenen Zepter wesentlich verstärken.

Jeder Rutengänger hat eine innere Verbindung zu den Kräften der Natur und zur Lebensenergie, die auf unserem Planeten zirkuliert. Die Benutzung der neuen Kristallstäbe und Zepter kann uns helfen, noch bewußter mit der Lebensenergie umzugehen. Wer mit einer Einhandrute arbeitet, kann in die andere Hand einen Kristall- oder Orgonstab nehmen. Sie spüren dann die subtilen Schwingungen in der Umwelt noch deutlicher. Diese Stäbe sind ihrer Wirkung nach Magische Zepter, wie sie in der Zeit von Atlantis und im alten Persien verwendet wurden.

Um die unterschiedliche Wirkung zu erfahren, setzen Sie sich am Besten mit gerader Wirbelsäule auf einen Stuhl. Ein Kristallstab als Strahler gehört in die rechte Hand und der Orgonstab als Biokondensator gehört in die linke Hand. Sitzen Sie gerade, schauen Sie ruhig gerade aus, atmen Sie tief und ruhig, dann fühlen Sie die Wirkung der verschiedenen Kräfte, die mit Hilfe solcher Zepter auf uns einströmen.

Ich fasse diese Übungen gerne mit dem Begriff der "Sensitivity Games" zusammen (dazu ist ein Buch erschienen!). Es sind lehrreiche Spiele. Es mag sein, daß Sie sich plötzlich in einer Stimmung wiederfinden, als wenn Sie auf einem alten ägyptischen Thron sitzen. Natürlich hängt die Nutzung und die Wirkung vom Bewußtseinszustand und vom Fachwissen des Benutzers ab. Aufgeklärte Wissenschaftler wissen inzwischen, daß es stets eine Wechselwirkung zwischen den Meßgeräten, dem Beobachter, sowie dem beobachteten Objekt gibt. Mit dieser Erkenntnis nähern sich die Quantenphysiker endlich dem Naturverständnis der Schamanen, Magier und Yogis.

Entscheiden Sie selbst, wie Sie die neuen Erfahrungen auf sich wirken lassen: Als sensitive Spiele, als spirituelle Erfahrung oder als Einweihungsritual.

Mit diesen Methoden können Sie selbst channeln lernen. Dafür ist es erforderlich, daß Sie ihre eigenen Fehler erkennen. Wir müssen unsere Mängel ablegen und unsere Seele reinigen. Erst dann wird es uns gelingen, mit den Göttern zu sprechen und gute Antworten zu bekommen. Wenn jemand seelisch gestört ist, dann werden die göttlichen Botschaften nicht einwandfrei zu ihm durchdringen. Er wird sie durch seine Probleme gefiltert empfangen. Es kann auch sein, daß er nutzlose Informationen von Verstorbenen erhält, die sich für Götter ausgeben, weil er es gerne so hätte. Das ist ein Lernprozeß, mit dem jeder fertig werden muß, der sich darauf einläßt. Bilden Sie sich lieber nicht zuviel ein, auf das, was Sie schon erreicht haben. Bescheidenheit ist eine der wichtigsten Eigenschaften auf dem spirituellen Pfad. Überheblichkeit und Selbstgefälligkeit sind die häufigsten Hindernisse.

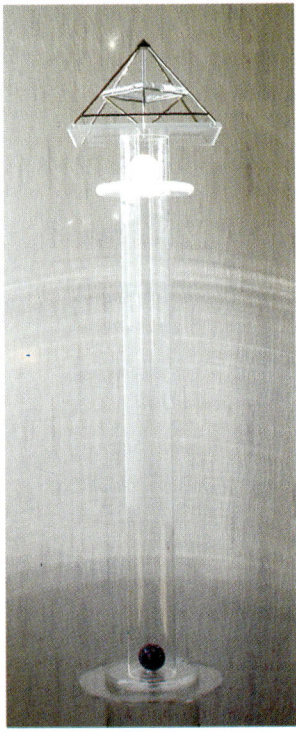
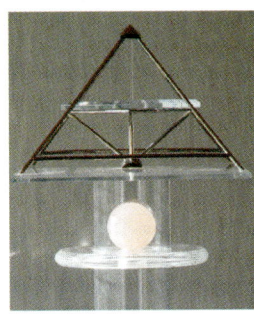

links: Acrylsäule mit Kristallkugeln von Amethyst und Rosenquarz als Stativ für eine Energiepyramide A

rechts: Energiekegel mit Sonderausstattung für Feng Shui, sehr dekorativ, sehr starke Wirkung.

Im Zusammenhang mit diesen Experimenten haben wir weitere interessante Erfahrungen gewonnen. Ringe aus Polyacrylrohr, von 10 - 20 cm Durchmesser und 5 - 50 cm Höhe eignen sich gut zum Aufbewahren und Aufladen von Edelsteinen aller Art. Sie steigern die Wirkung der edlen Steine. Wir können die Rohre als Ständer für kleine Energiepyramiden benutzen, Edelsteine hineinlegen und so die Energie modifizieren und verstärken. Wenn wir dann die Ringe in passende Scheiben setzen, erhalten wir ein schmuckes Gefäß und steigern noch einmal die Wirkung. Diese Kunstobjekte sind für die Aufbewahrung von Edelsteinen sehr gut geeignet.

Die Benutzung der Ringe und Säulen bietet viele neue Möglichkeiten und ist für alle Menschen interessant, die sich für die Nutzung und Erforschung der Naturkräfte interessieren. Besonders dynamisch wird es, wenn Sie in den Acrylring eine kleine Bergkristall-pyramide oder eine andere Kristallpyramide hineinstellen.

Manche Menschen möchten etwas von der positiven Energie bei sich tragen, um eine gewisse Stabilisierung gegen die vielen störenden Einflüsse zu bekommen, die überall auf uns einströmen. Dafür haben wir kleine Kristallstäbe mit 65 mm Länge und 20 mm Ø entwickelt, Verschlußkappen aus vergoldetem Messing und gefüllt mit verschiedenen Kristallen. Die kleinen Kristallstäbe können Sie gut in jeder Pyramide aufladen. Danach kann man sich die kleinen Energiespender in die Tasche stecken, wenn man außer Haus geht. Über Nacht aufgeladen hält die Energie mindestens den nächsten Tag.

Kristallstäbe und Feng Shui

Ich möchte auf die Verwendung von Kristallstäben und Energiepyramiden im Feng Shui hinweisen. In den letzten Jahren hat die alte chinesiche Kunst von der Nutzung der natürlichen Energie, Feng Shui, hier in Europa eine starke Verbreitung gefunden. Während die meisten Leute immer noch Angst haben, öffentlich mit Esoterik in Verbindung gebracht zu werden, haben selbst große Firmen keine Hemmungen, für Feng Shui eine Menge Geld auszugeben.

Die alten Chinesen haben die Strömungen von Wasser und Wind in der Natur beobachtet und über Jahrtausende hinweg ihre Beobachtungen notiert. Sie sind zu dem Ergebnis gekommen, daß sich die Prinzipien, wie die Energie fließt, von wo sie kommt und wohin sie geht, auf allen Ebenen des Kosmos wiederholt. Das 8-eckige Bagua faßt diese Kräfte zusammen. Es ist das Yin-Yang-Symbol, umgeben von den 8 elementaren Zeichen des I Ging, das heilige Buch der Wandlungen. Das Bagua ist das Mandala der Energieverteilung nach den Gesetzen des Feng Shui.

Ebenso wie jede Pyramide, muß das Bagua mit einem Kompaß im Haus ausgerichtet werden. Es zeigt dann an, welche Zimmer eines Hauses in welchem Energie-Einfluß liegen und wie man sie am Besten nutzen sollte. Innerhalb der einzelnen Zimmer oder draußen auf dem ganzen Grundstück sollten gewisse Gesetze der Energieverteilung beachtet werden. Dafür können durch bestimmte Geräte und Vorrichtungen Störungen beseitigt werden. Da die Energiepyramide durch ihre 8 Ecken genau dem Bagua entspricht, können wir das Bagua unter die Energiepyramide legen. Auf diese Weise erfahren wir näheres über die Wirkung der Energie in Bezug zur jeweiligen Himmelsrichtung. Jedes Bein und jede Ecke haben eine andere Farbe und folglich eine andere Energieabstrahlung.

Am 30.8.96 habe ich in einer Channelsitzung mit Horus direkt die Aura der Energiepyramide beobachtet:

1. Sehe ich geistig einen milchstraßenförmigen Spiralnebel, der auf der mittleren Ebene, da wo die kleine innere Pyramide

endet, um die Pyramide herumwirbelt und Energie verströmt.
Diese Energie kommt aus dem Kosmos. Sie fällt in die Flächen
der großen, äußeren Pyramide ein und wird in der mittleren
Ebene waagerecht verströmt.

2. Ich sehe eine senkrechte Achse aus hellem, purem Licht. Sie
scheint eher aus der Erde zu kommen und gebündelt nach
oben zu strömen. Möglicherweise werden hier die Erdstrahlen
gebündelt. Die senkrechte Energieströmung ist ebenfalls fein
spiralig aufgebaut und erinnert mich an einen DNS-Strang aus
Lichtenergie.

3. Ich sehe jedes Bein der großen, äußeren Pyramide in einem
anderen Licht. Das Nordost-Bein hat eine rote Aura, ca. 20 cm
Durchmesser, das Südostbein leuchtet blau, das Südwestbein
gelb und das Nordwestbein grün.

4. Die kurzen Beine der inneren Pyramide sind: Im Norden
violett, im Osten Orange, im Süden blau und im Westen weiß.
Das Blau im SO außen ist dunkel, das blau im S innen ist hell,
die Mittelachse strahlt milchig-weiß. Die Spiralwindung in der
Energieachse hat einen blaßblauen Schimmer. Die
Seitenflächen außen sehen lindgrün aus. Es ist wohl eine
Reflexion, wo die kosmische Energie einfällt und sich an dem
Druck der Erdstrahlung bricht, der von der kleinen
Energiepyramide innen aktiviert wird. Der Mantel der inneren
Pyramide ist blaß orange. Hier bricht sich die Erdenergie in dem
kosmischen Feld von außen.

Die Fundamente der großen 9 m Energiepyramide in
Südfrankreich bilden das heilige Bagua.
Wenn wir 4 Kristallstäbe mit den dafür entwickelten Füßen

senkrecht aufstellen, wirken sie wie Antennen. Um jeden Kristallstab bildet sich ein eigenes Kraftzentrum im Haus. Wenn wir die 4 Stäbe nach den Regeln des Feng Shui auswählen und in einem großen Quadrat oder Rechteck um eine Pyramide herum aufstellen, dann stabilisiert sich die Energie zwischen den 4 Stäben mit der Energiepyramide in der Mitte. Jedes Zimmer bekommt eine andere Schwingung, je nachdem welche Kristallstäbe wir aufstellen. Wenn z.B. ein Zimmer einen Knick hat, eine dunkle Ecke, in der die Energie verschwindet oder eine vorspringende Ecke, die die Harmonie stört, dann können hier statt der üblichen chinesischen Methoden Kristall- und Orgonstäbe eingesetzt werden. Der Vorteil: Die klassischen Artikel, wie das Aufhängen einer Lampe, Pflanzengondel oder ein Mobile entstören zwar die Ecke, aber unsere Kristallstäbe liefern zusätzlich noch eine starke Schwingung, die noch viel besser den Raum verändert. Bei der großen Auswahl von Kristallen findet sich für jeden Platz und jede Einrichtung die richtige Lösung und die richtige Farbe.

Für eine stabile Abschirmung werden 4 Kristallstäbe senkrecht aufgestellt. Man kann die 4 Stäbe in den Ecken eines Zimmers postieren, im ganzen Haus verteilen, möglichst alle auf der gleichen Ebene wie die Energiepyramide im Zentrum, oder sogar auf dem ganzen Grundstück. Für diesen Zweck müssen die 4 Stäbe den Farben entsprechen, die ich medial an den Beinen der Energiepyramiden sehen kann. Bitte beachten Sie die Zeichnung! Man hat durchaus die Wahl zwischen verschiedenen Edelsteinen, jedoch brauchen wir für diesen Zweck die 4 Farben rot, gelb, grün und blau. Die Farben sollten unter sich harmonisch sein, also alle kräftig, alle pastell, oder alle durchscheinend. Mit diesen Stäben können wir im Feng Shui die Energie im Haus und in den verschiedenen Zimmern regulieren. Wird keine Energiepyramide ins Zentrum gestellt, dann sollten die Kristallstäbe je nach der zu lösenden Aufgabe des Feng Shui Beraters entweder in der vom Feng Shui vorgeschriebenen Farbe oder in der Komplementärfarbe ausgewählt werden.

Hier haben wir 4 Kristallstäbe um ein Modell A auf einem 8-eckigen Tisch aufgestellt. Der Tisch selbst entspricht bereits

dem Bagua. Bauen Sie einmal eine derartige Anordnung auf.
Fühlen Sie dann zuerst, welche Energie außen im Zimmer
herrscht. Danach greifen Sie von oben in den Bereich zwischen
den 4 Stäben. Stellen Sie sich vor, Sie schöpfen Energie!
Fühlen Sie den Unterschied zwischen innen und außerhalb?
Wer möchte, kann die Kristallstäbe durch Acrylrohre verschö-
nern und verstärken oder die Kristallstäbe mit ihren Füßen auf
passenden Acrylständern plazieren. Aus diesen Kombinationen
ergeben sich sehr schöne, künstlerisch ansprechende Objekte,
die jede Wohnung aufwerten. Über die positiven Wirkungen
machen Sie sich bitte selbst Gedanken. Wer etwas von Feng
Shui versteht, wird schnell die weitreichenden Möglichkeiten
erkennen. Wer die Geheimnisse dieser Welt begreifen will, muß
sich auf die magischen Ursprünge der Menschheit besinnen.
Ich neige zu der Annahme, daß mit diesen Methoden wirklich
"freie Energie" verfügbar gemacht wird. Die freie Energie kann
durch unser Bewußtsein verändert und geformt werden. Was
der Einzelne daraus macht und wieweit er kommt, ist verschieden und hängt von seinem Konzentrationsgrad ab. Werfen wir
noch einen Blick auf die geistige Quelle des Feng Shui. Das I
Ging beschreibt die Wechselwirkungen der verschiedenen
Elemente und Naturkräfte. Den Energiepyrami-den entspricht
im I Ging das Zeichen Nr. 35, Der Fortschritt: "Die Erde ist
unten, das Feuer ist oben". In einer Energiepyramide symbolisiert der äußere Teil die Kräfte des Kosmos. Der innere Teil, die
auf dem Kopf stehende Pyramide, symbolisiert die Kräfte, die
aus der Erde kommen. Das I Ging kommentiert: "Das Zeichen

stellt die Sonne dar, die über die Erde empor-steigt. Es ist daher ein Bild des raschen und leichten Fort-schritts, der gleichzeitig immer weitere Ausdehnung und Klarheit bedeutet. So macht der bewußte Mensch selbst seine Anlagen klar und hell." Das bedeutet, wer in diesen positiven Einfluß gerät, der arbeitet freiwillig und engagiert an seiner eigenen Reinigung und Entwicklung. Das entspricht sehr gut meinen Erfahrungen mit den Energiepyramiden. Es ist sicher kein Zufall, daß das geometrische Muster der Energiepyramide exakt dem Aufbau des achtseitigen Bagua entspricht und daß die Botschaft des I Ging wiederum dem Auftrag der Energiepyramiden entspricht. Die Botschaft bedingt die Form, und in der Form steckt die Botschaft. Sat nam.

Auf der folgenden Seite habe ich die wichtigsten Begriffe des Bagua zusammengetragen und mit den Aurafarben der Energiepyramide in Verbindung gesetzt. Die Farbstreifen in der mittleren Zeichnung zeigen die Aura der verschiedenen Pyramidenbeine in der jeweiligen Himmelsrichtung, wie sie mir von Horus gezeigt wurden. Dazu passend die vier runden Kreise an den Ecken des Bildes. Sie zeigen die Farbe, in der man für eine Energieregulation nach Feng Shui verteilt im Haus Kristallstäbe aufstellen sollte, wenn man gleichzeitig im Mittelpunkt eine Energiepyramide verwendet. Durch die Aufstellung einer Energiepyramide im Zentrum des Hauses erzeugen sie bereits einen Ausgleich der verschiedenen Kräfte des Bagua. Es ist die optimale Lösung für jede Feng Shui Maßnahme. Nach der Lehre des Feng Shui sind die hier in den Rahmen angegebenen Begriffe den jeweiligen Himmelsrichtungen und dem entsprechenden Fluß der kosmischen Energie zugeordnet, ebenso werden die jeweiligen Organe unterstützt. Die angegebenen Farben unterstützen den Fluß der Energie. Ich vermute, daß diese Phänomene durch Wirkungen des natürlichen Magnetfeldes zustande

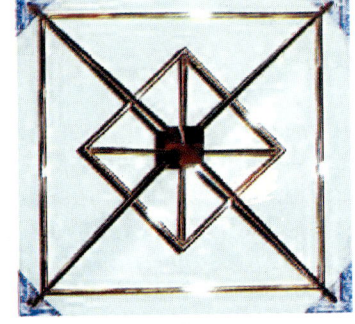

Beziehungen des Bagua

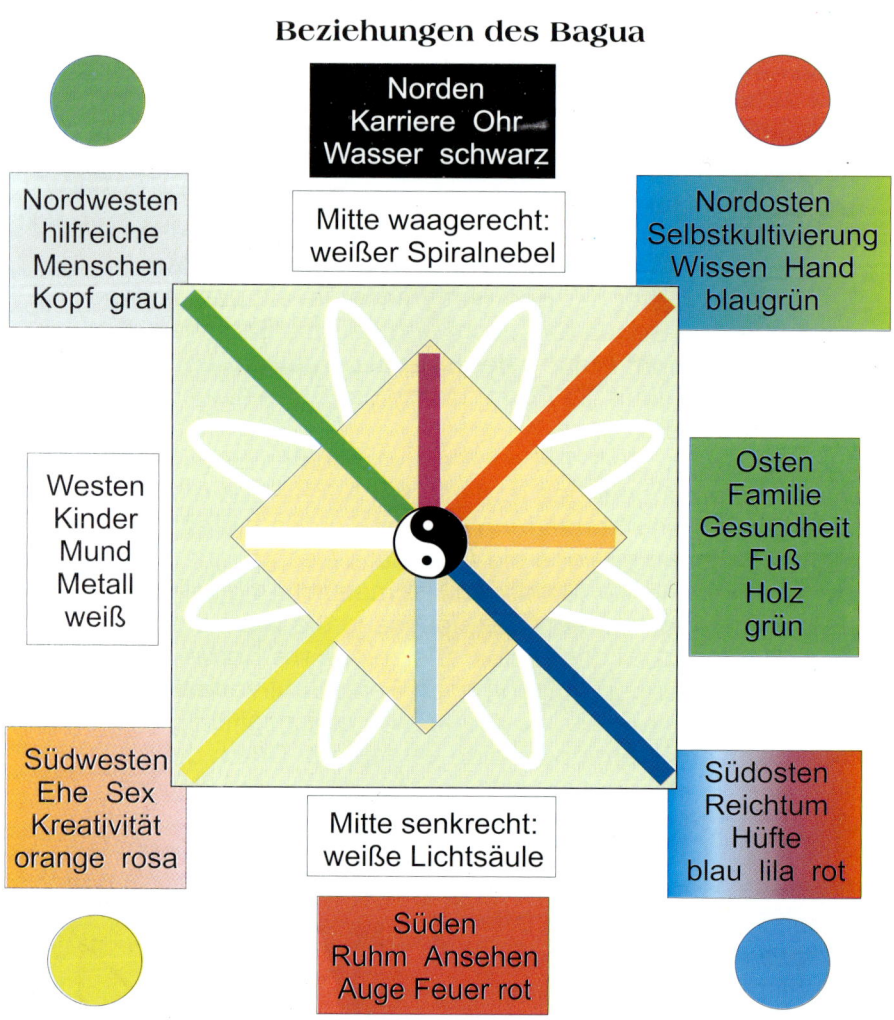

Norden
Karriere Ohr
Wasser schwarz

Mitte waagerecht:
weißer Spiralnebel

Nordwesten
hilfreiche
Menschen
Kopf grau

Nordosten
Selbstkultivierung
Wissen Hand
blaugrün

Westen
Kinder
Mund
Metall
weiß

Osten
Familie
Gesundheit
Fuß
Holz
grün

Südwesten
Ehe Sex
Kreativität
orange rosa

Mitte senkrecht:
weiße Lichtsäule

Südosten
Reichtum
Hüfte
blau lila rot

Süden
Ruhm Ansehen
Auge Feuer rot

kommen, da sie immer zu den verschiedenen Himmelsrichtungen orientiert sind. Die bunten Felder unter den Begriffen
verdeutlichen die chinesischen Farben. Wenn Sie sich ausschließlich mit der Anwendung des traditionellen Feng Shui
befassen, sollten Sie in jedem Zimmer eines Hauses einen
Kristallstab in der Farbe des Feng Shui aufstellen, also

entsprechend der Farbkaros unter den Begriffen.

Wenn Sie in einem Zimmer die Plätze der stärksten männlichen oder weiblichen Energie festlegen, dann gehört ein Kristallstab natürlich auf den männlichen Platz und ein Zimmerbrunnen oder eine Vase auf den weiblichen Platz. Beides kann jedoch mit unseren Mitteln kombiniert werden: Wir stellen ein Acrylgefäß, zur Hälfte angefüllt mit einem weiblichen Kristall, z. B. Jade, Rubin oder Mondstein auf den Platz der stärksten Energie, in das Gefäß aus einer Stativplatte und einem Acrylring stellen wir in die Mitte einen vergoldeten Fuß (Gold ist männlich) und einen männlichen Kristallstab, z. B. Smaragd zu Rubin oder Sonnenstein zu Mondstein oder Topas zu Jade. Durch diese Arrangements entstehen ganz wundervoll harmonische Energieströmungen im Haus, die alles verändern.

Mit diesen kleinen Beispielen verstehen Sie nun sicherlich auch den Nutzen der verschiedenen Hinweise, die ich bei jedem Edelstein zusammengetragen habe.

Die Begriffe "Hüfte, Kopf, Familie" usw. zeigen die Organe oder sonstige Beziehungen, die von den Kräften in der jeweiligen Himmelsrichtung gefördert werden, bzw. die erkranken können, wenn die Energie im jeweiligen Bereich eines Hauses nicht richtig fließt. Wenn es nicht möglich ist, eine Wohnung in etwa nach diesen Regeln einzurichten, dann sollte auf jeden Fall etwas getan werden, um die Haussituation zu optimieren.

Manche Frauen haben ganz von allein, ganz intuitiv eine glückliche Hand für die Inneneinrichtung. Andere Menschen behindern und ruinieren sich durch grobe Fehler in der Einrichtung, die dann immer mit "Zweckmäßigkeiten" und räumlichen "Notwendigkeiten" begründet werden. Es gibt immer eine Möglichkeit, vorhandene Räume zu optimieren oder zu ruinieren. Vertrauen Sie erst einmal Ihrem "Wohlfühlgefühl". Und wenn es Ihnen Freude bereitet, informieren Sie sich über Feng Shui. Dabei ist es jedoch notwendig, in den zum Teil anstrengenden Geschichten das Wesentliche zu erkennen auf die jeweilige Situation und umzusetzen. Ein Buch enthebt uns nicht des selbstständigen Denkens. Es will Anregungen geben und persönliche Erfahrungen mitteilen.

Beispiel 1 für eine Entstörung nach Feng Shui:
In einem Geschäftszimmer an der Südostecke
des Hauses entschärfen Sie die vorspringende
Ecke durch zwei Kristallstäbe oder Säulen in
den Farben der Region Südost.

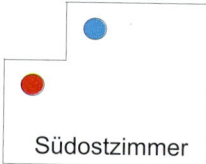

Südostzimmer

Beispiel 2 für die Entstörung eines Bungalows,
dem die Südostecke fehlt, mit einer zentral
aufgestellten Energiepyramide, drei
Kristallstäben im Haus und eine große
Kristallsäule vor dem Haus.
An Stelle der blauen Kristallsäule kann auch
eine Energiepyramide, Modell C, im Garten
aufgestellt werden.

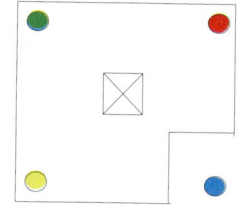

Haus,
Südostecke fehlt

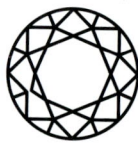 Die Geheimnisse der Natur und folglich auch des
Bagua tauchen überall wieder auf. Wie Sie hier
sehen, zeigt die Skizze für den Schliff eines
Brillanten ebenfalls einen achteckigen Aufbau.

Viele klassische Symbole der Menschheit zeigen ein Muster,
daß auf der Zahl 8 basiert. Die liegende Acht zeigt das
Möbiusband, die Unendlichkeitsschleife. Das Symbol der
Unendlichkeit finden wir dann in der Energiestruktur eines
p-Orbitals wieder. Es gleicht rein zufällig dem zweiblättrigen
Anja-Lotos, unserem 3. Auge.

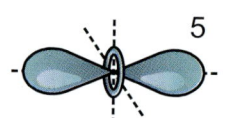

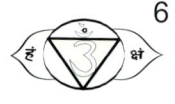

1 Mandala des Kali Yuga: Kaliyant
2 und 4 mittelalterliche Zeichnung,
3 das Medizinrad der Indianer
5 Umlaufbahnen der Elektronen
   eines Atoms mit p-Orbital.
6 Ajna-Chakra, 3. Auge
7 Möbiusband

102

Der Altar und das Ritual

Ein kleines Beispiel für die Anwendung edler Kristalle:
Früher gab es in jedem Haus einen kleinen Altar. Hier brannte
stets eine Kerze, hier wurden Opfergaben niedergelegt, hier
standen Blumen, Figuren und Bilder.
Am Altar gedachte man der Toten und bat um Gottes Hilfe. Im
Gebet und in der Meditation verbanden sich die Gedanken und
Gefühle der Menschen mit den Schwingungen höherer
Lichtwesen, Schutzengel und Hüter des Hauses. Die
Menschen waren sich dessen nicht immer bewußt, doch hier
empfingen sie oft genug Botschaften für Ihren Lebensweg. Hier
wurde gechannelt, wie wir heute sagen.
Wenn Sie einmal in einem Chinarestaurant speisen, dann
werden Sie irgendwo eine Buddhafigur mit einem runden
Bauch, einen kleinen Altar und ein Aquarium entdecken. Alles
Symbole der Verbundenheit mit den Göttern und den
Naturkräften des Feng Shui. Es bringt Glück, den runden
Bauch des dicken, glücklichen Buddha zu streicheln. Gute
Geister behüten das Haus, wenn wir an sie denken. Fische
sind ein Symbol des Reichtums und der Ausgeglichenheit.
Ein kleiner Altar, ein Ort für Andacht und Meditation kann
Ihnen helfen, jeden Tag für ein paar Momente Ruhe und
Selbstbesinnung zu finden. Richten Sie Ihren Altar bewußt ein.

Ein Beispiel im Foto:
Viele Gegenstände kommen zweimal vor, Symbol der dualen Welt, Yin und Yang, weiblich und männlich, schwarz und weiß, unten und oben, innen und außen.
Zwei Säulen aus versteinertem Holz, Symbol der Ewigkeit und der Vergänglichkeit zugleich.
Zwei Kristallstäbe, roter Rubin für das Leben und für Vitalität, blauer Türkis für geistigen Schutz.
Zwei Kerzen in Muschelschalen, Feuer und Wasser, aus dem kosmischen Feuer ist die Erde entstanden, aus dem Wasser sind wir gestiegen.
Zwei duftende gelbe Rosen als Symbol für die Seele, für unsere männlichen und weiblichen Gefühle, Anima und Animus. "Zwei Seelen, ach, in meiner Brust!" Goethes Faust
Ein großer eckiger, gelbgrüner Calzit als Symbol der materiellen Welt. Es gibt nur eine Erde für uns.
Eine Amethystkugel als Symbol des Geistes. Es gibt nur einen Universalen Geist, der alles hervorgebracht hat.
Ein Stück gediegenes Kupfer, Element der Venus, Symbol für Fruchtbarkeit und Kreativität auf allen Ebenen. Das Element Kupfer ist als Spurenelement Bestandteil der Sekrete in allen schleimbildenden Organen bei allen höheren Lebewesen, also im Bereich Hals-Nase-Ohren, im Magen-Darm-Trakt und im Sexualbereich. So ein Zufall, daß die alten Alchimisten gerade das Kupfer der Venus und der Fruchtbarkeit zuordneten, obwohl sie keine Möglichkeit zur Analyse hatten!
Eine Energiepyramide, Symbol der ewigen Neuerschaffung des Universums, bestehend aus zwei Pyramiden ineinander, die äußere symbolisiert die Kräfte des Kosmos, in dem die Erde schwebt. Die innere, kopfstehende Pyramide symbolisiert die Kräfte der Erde, die uns hervorgebracht hat, in der Mitte verbunden mit einer organischen Achse. Die Achse ist ein Symbol für das Wirken Gottes auf Erden und für den menschlichen Geist, der die Verbindung zwischen Erde, Kosmos und Gott herstellen möchte.
Der kleine Altar wurde für unser Foto auf einer Treppe in der Mittagssonne errichtet. Die Stufen erinnern uns an den Weg

der Erkenntnis. Sie sind eine Aufforderung, Schritt für Schritt dem Licht der Erkenntnis näher zu kommen. Sat nam.

Viele Menschen haben heute schon wieder einen kleinen Platz, wo sie schöne Edelsteine u.a. erbauliche Artikel und Andenken sammeln. Das ist im Grunde genommen Ihr kleiner, privater Altar. Erkennen Sie diesen besinnlichen Platz ganz bewußt als das, was er ist! Jedes Haus kann die kleinen, vernachlässigten Naturgeister gut vertragen, mit denen unsere Vorfahren im Einklang lebten. Das ist kein Widerspruch zur Erkenntnis, daß es nur einen Allmächtigen Gott, nur ein Universales Bewußtsein gibt. Das Christentum hat mit seinem "allein selig machenden Anspruch" unsere Geisteswelt arm gemacht. Nutzen Sie Ihren Altar als Ort der Besinnung, um Kraft zu schöpfen und um sich mit Gott und der Natur zu verbinden. Denken Sie doch wieder einmal an die kleinen Feen und Kobolde. Sie werden es merken und positiv reagieren. Sogar die Vögel spüren es, ob sie in Ihrem Garten willkommen sind oder nicht! Die Natur reagiert mit Erleichterung, Liebe und Hilfe, wenn wir uns mit ihr verbinden. Wenn wir wieder Eins werden mit der Natur, finden wir plötzlich ganz neue Lösungen für andere Probleme. Wir bekommen wieder Eingebungen, von wem auch immer. Es funktioniert, wenn Sie bereit dafür sind.

05

Dieses Kunstobjekt bezeichne ich als "Ring of Fire". Durch die spezielle Anordnung von 3 verschiedenen Sorten Kristallkugeln auf einem Ring aus vernickeltem Kupferrohr entsteht eine ganz besondere Energie. Sie ist stark genug, um den Devas, kleinen Lichtwesen als "Nest" zu dienen. Wir bieten ihnen eine Bleibe, sie suchen uns auf, und unser Haus füllt sich mit positiver Lichtenergie. So fließt mein Wissen um Kristalle mit meiner Lichtarbeit zusammen. Das nenne ich kreativ.

Kunst zum Begreifen

Von Zeit zu Zeit habe ich Lust, Kunstausstellungen zu besuchen. Ganz gleich, ob es sich um Malerei, Skulpturen, um antike oder moderne Objekte handelt, ganz gleich, ob von berühmten oder unbekannten Künstlern.
Die Angebote sind sehr verschieden, und die Wirkung auf mich und meine Wahrnehmung ist sehr verschieden. Bereits in jungen Jahren wurde mir klar, daß manche Objekte oder Bilder eine ganz besondere Wirkung auf den Betrachter ausüben. Die Kunstobjekte beginnen zu sprechen. Sie verursachen tief in mir eine Veränderung. Dabei möchte ich keineswegs beurteilen, wie ich persönlich nun ein Bild empfinde, ob es mir gefällt oder nicht. Es geht um etwas anderes. Manche Bilder sollen einfach nur eine Szene wiedergeben oder z. B. etwas beschönigen.
Der Künstler bekommt sein Geld für ein schmeichelhaftes Portrait. Manche Künstler können gar nicht anders, als einfach eine Art Foto zu produzieren, einen Beobachtungsbericht. Bei anderen Malern kommen Stimmungen und persönliche Gefühle stark mit zum Ausdruck. Die Gefühle des längst verstorbenen Malers können uns heute noch einfangen und bewegen.
Bei einem kleinen, goldenen Stier von Dali wurde ich tief berührt. Ich fühlte die Gegenwart des Meisters, seine Kräfte, seine Intentionen. Der Stier ist perfekt. Manche seiner surrealistischen Bilder sind ähnlich intensiv, bei anderen habe ich den Eindruck, er hat einfach auf dem Thema herumgeritten, wie man so schön sagt, er hat sich gehen lassen, statt daß ihm etwas wirklich Neues eingefallen wäre.
Bei mancher modernen Ausstellung sollte man sich den Maler im Kreis der Politiker anschauen, die ihm gerade einen Preis verehren. Die ausgewählten Werke sehen manchmal eher nach Gefälligkeiten unter Parteifreunden aus, als daß das viel mit Kunst zu tun hätte.
Früher hätte ich kaum gedacht, daß ich mich selbst viel mit Kunst beschäftigen würde. Ich habe sicherlich eine Veranlagung für Kunst und Malerei geerbt, doch ich habe es kaum je angewandt. Über meiner Hingabe an die Erforschung

unserer spirituellen Kräfte entdeckte ich immer wieder Parallelen. Die spirituellen Sucher erkennen oft jenseitige Kräfte, die sich schwer beschreiben lassen. Alle Worte greifen zu kurz, sind zu oberflächlich. Wir müssen immer wieder neue Vokabeln erfinden, um unsere Beobachtungen mitzuteilen. Trotzdem reichen Worte nicht hin, für all das, was es in den jenseitigen Welten zu sehen gibt.

In der Beschäftigung mit den Energiepyramiden entdeckte ich schnell bestimmte Schwingungen, die mir teils neu, teils wohlvertraut waren. Doch mit Hilfe dieser Geräte waren die feinstofflichen Kräfte deutlicher zu spüren. Je mehr ich mich mit den Energiepyramiden befaßte, desto mehr wuchs mein Interesse, mich mit den Edelsteinen zu befassen. Es war mir schon peinlich, daß ich zwar eine Menge Namen kannte, aber gar nicht so genau wußte, wie diese Steine aussehen. Heute kenne ich ca. 70 verschiedene Kristalle und es kommen immer neue dazu. Bald erkannte ich auch, daß meine Begabung zum Channeln nichts anderes ist als die Intuition des Künstlers. Intuition bedeutet ja Eingebung. Es bedeutet, daß der Künstler mit irgendwelchen Kräften in Verbindung steht, die Impulse senden, und er empfängt sie.

Ich glaube heute, daß wir unendlich viel mehr wahrnehmen können, als das bißchen, was wir heute mit unseren 6 Sinnen zustande bringen. Mit Hilfe des Kundalini Yoga konnte ich manchmal nachts in vollkommener Dunkelheit klar sehen. Die ganze Welt wirkte dann bronzefarben, doch alle Farben waren vorhanden. Das bedeutet, der Frequenzbereich meiner Augen hatte sich verschoben, und es war trotzdem alles da!

Wenn wir von feinstofflichen Kräften sprechen, dann denken hier in Deutschland immer noch viele Menschen, wir seien Spinner. In Wirklichkeit sind die "normalen Deutschen" schwer behindert und verblendet. Auch in Asien haben nur manche Menschen einen Sinn für Spiritualität, aber alle wissen und akzeptieren, daß es diese Kräfte gibt. Das Christentum hat hier mit seiner Großmachtpolitik viel zerstört. Unser Verhältnis zur Natur ist schwer behindert. Das hat wiederum die bekannten Schädigungen der Umwelt zur Folge.

Die Beschäftigung mit Esoterik, Spiritualität und mit Kunst kann uns helfen, die subtilen, sensitiven Sinne und Wahrnehmungen neu zu entdecken. Wer mit Hilfe von Kundalini Yoga einen Kontakt herstellen kann zu den Devas oder zu höheren Lichtwesenheiten, der weiß irgendwann, daß es Gott gibt, und daß wir nicht allein sind auf dieser Welt. Wer channeln lernt, bekommt ganz neue Gedanken und Erfahrungen mitgeteilt. Wer die Aura sehen lernt, sieht die Welt mit neuen Augen. Je offener und toleranter wir werden, desto harmonischer und nachsichtiger können wir in dieser Welt leben. Es gibt weniger Reibung und Aggression, dafür mehr Liebe und Verständnis.

Nachdem ich rund 8 Jahre mit den Energiepyramiden gearbeitet hatte, veränderten sich meine Wahrnehmungen und Gefühle erneut. Im Januar 1998 überkam mich ein starkes Bedürfnis, diese neuen und fremden Energien weiter zu erforschen. Mir fehlen da anfangs die Worte. Da ist etwas. Da geschieht etwas. Da nimmt jemand oder etwas Kontakt zu mir auf. Früher habe ich nur mit Horus und anderen Lichtwesenheiten gechannelt. Manchmal hatte ich zu ganz anderen Wesen Kontakt, z. B. zu fremdartigen Lebewesen, die auf anderen Planeten leben. Einige Male war ich in Kontakt mit fremden Astronauten, mit außerirdischen Raumfahrern. Alles das existiert. Wir begrenzen uns unnötig selbst, wenn wir irgend etwas ausschließen und verneinen. Im Januar 1998 kam ich auf frühere Ansätze künstlerischer Arbeit zurück. Ich folgte meinen Empfindungen, meinen Eingebungen, und begann aus Kupferrohren bizarre Gebilde zu formen und zu löten. Zuerst waren deutlich Erinnerungen zu fühlen an mein Leben als Alchimist im Mittelalter. Die Alchimisten versuchten ebenfalls diese Welt zu begreifen, zu beschreiben und zu erfassen. Sie erkannten die Einheit zwischen Gott, der uns umgebenden Natur, bis hinauf zu den Sternen, und uns selbst. Sie prägten den Begriff, daß wir Menschen der Mikrokosmos sind, und die ganze Welt um uns herum ist der Makrokosmos: Wie im Großen, so im Kleinen. Von Anfang an war ein starkes Bedürfnis da, meine neuen

Kunstobjekte mit Kristallen auszustatten. Es ist faszinierend, wenn manche Kunstobjekte eine starke und wundervolle Ausstrahlung haben, doch nehme ich nur eine einzige kleine Kristallkugel heraus, verschwindet die Energie abrupt. Bei den meisten Kunstobjekten muß die Kugel wohl ausgewählt werden, sonst gibt es eine unangenehme, schlechte Energie. Eine kleine Kugel Amethyst kann in einem Gerät wundervoll wirken und in einem anderen nur stören. Dort paßt vielleicht ein Bergkristall, der woanders wiederum stört.

Auf diese Art und Weise begann ich ganz neu über die Wirkung der Kristalle zu lernen. Ich erkannte immer wieder aufs Neue, daß es geheime Energieströme gibt. Sobald ich eine neue Arbeit begonnen habe, überkommen mich bestimmte Gefühle. Ich weiß anfangs zwar nicht wozu das gut sein soll, aber wie es aussehen soll. Manchmal muß ein Teil auf den Millimeter genau ausgerichtet werden. Auf diese Weise werde ich von inneren Regungen geführt. Es entstehen Kunstobjekte, die alle eine bestimmte Ausstrahlung haben.

Einige der ersten Geräte sahen aus wie die räumliche Nachbildung von alchimistischen Zeichnungen, sogenannten "Sigilli", also Symbole oder Siegel, mit denen man versuchte, kosmische Kräfte oder Geister zu beschwören (Foto). Interessanterweise konnte ich die ersten Geräte benutzen, um die Wirkung von Edelsteinen zu testen. Sie haben also auch einen Nutzen. Andere sind geeignet, um die Schwingung von Kristallen auf einen Menschen zu übertragen, eine Art Bioresonanzgerät, aber ohne jegliche Technologie. Sehr interessant.

In den letzten 3 Jahren seit '98 habe ich eine Menge derartiger Kunstobjekte hergestellt. Es ist zu fühlen, daß ein Teil meiner eigenen Energie in die Arbeit und in die Geräte mit einfließt.

Manchmal fühle ich, daß jenseitige Kräfte

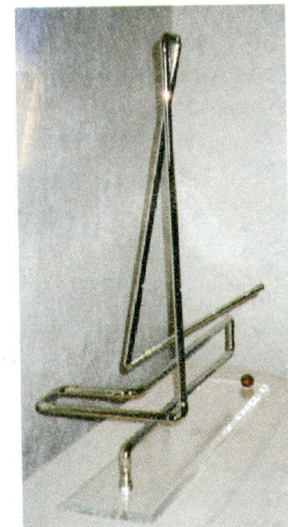

109

mit beteiligt sind. Es ist eine Art Channeling, wobei ich nicht automatisch schreibe, sondern etwas konstruiere. Manchmal weiß ich schon bei der Herstellung ganz genau, daß ein Zepter für einen bestimmten Menschen gemacht ist. Doch es kann 2 Jahre dauern, bis dieser Mensch auftaucht, zu dem der "Zauberstab" paßt. Ein anderer kann gar nichts damit anfangen. Manche Geräte dienen allen Menschen, manche nur einem.

Bei dieser künstlerischen Arbeit habe ich viel gelernt, ohne daß ich genau beschreiben könnte, was es ist. Manchmal kommen Rückerinnerungen an frühere Incarnationen hinzu. Mir fallen Situationen ein, wo ich in früheren Leben als Priester, Magier, Schamane oder Schmied gearbeitet habe. Schmiede und Alchimisten waren stets spirituelle Sucher.

Bei meinen Kunstobjekten sind immer Metalle, Polyacryl und Edelsteine beteiligt. Bereits die Farbe eines Kristalls kann die Wirkung völlig verändern. Man kann sagen, Kupferrohr, vernickelt oder verchromt, sowie Stahlrohr oder Polyacryl sind neutral und stets vielseitig verwendbar. Doch sobald auch nur ein kleiner Teil von einem dieser Geräte bunt angestrichen wird, kann es die Wirkung total verändern.

Genau hier fehlen mir die Worte! Wie soll ich das genau beschreiben? Wenn ich eine wasserlösliche Acrylfarbe verwende, können wir nach der Trocknung ausschließen, daß diese Farbe besonders giftig wäre. Es muß also etwas anderes sein, wenn ein bestimmtes Gebilde aus Kupferrohr je nach der Farbe seiner Oberfläche hübsch, interessant, ansprechend

Foto:
Sonnenzepter der Inkas
mit Bergkristallkugel.
Konzentriere Dich wenige
Minuten durch den Kristall
auf die Sonne, wenn Du
willst, mit geschlossenen
Augen, und Du bekommst
eine goldene Aura!

oder plötzlich anstrengend bis hin zu Kopfschmerzen auf uns wirkt! Hier wirken unbekannte Kräfte und Naturgesetze. Ich bin mit meinen Beobachtungen sozusagen an der Grenze der Faßbarkeit. Mein Körper oder mein Geist reagiert.

Der Verstand setzt aus, weil er diese Art von Logik nicht verarbeiten kann. Das ist gar nicht schlecht, oder? Wie oft läuft in unserem Kopf, im Verstand, ein Dialog ab, was wohl gut und richtig sei? Wie oft diskutieren wir innerlich, statt zu handeln? Wir wägen die verschiedenen Möglichkeiten ab, was möglich ist oder nicht, was erlaubt ist oder nicht, statt die Erfahrung zu machen, auf die es ankommt.

Horus hat mir in seinen Channelbotschaften gesagt, worauf es ankommt. Horus hat mir gezeigt, daß wir ein Recht darauf haben, unser Leben zu lieben: "Richtet es euch schön ein auf Erden, und genießt euer Hiersein! Nutzt die Chance, die euch gegeben wurde."

Aus meiner heutigen Sicht würde ich empfehlen, daß sich jeder Mensch ein bißchen mit Kunst und Kreativität befassen sollte. Es ist richtig, wenn gestreßte Mütter und gelangweilte Ehefrauen in der VHS Kreativkurse belegen. Es ist wichtig, etwas Schöpferisches zu tun, sonst frißt Euch das alltägliche Leben auf. In der Beschäftigung mit Kunst und Magie, in der Beschäftigung mit edlen Kristallen, mit Esoterik und Naturmedizin lernen wir das Leben besser kennen. Wir lernen neue Seiten kennen. Wir machen neue Erfahrungen. Für Naturwissenschaftler und Christen ist Magie vielleicht nur Unsinn oder "des Teufels". Aber Goethe hat schon gesagt, "Wir sind es gewohnt, daß die Menschen das verhöhnen, was sie nicht begreifen!"

Magie und die geheimnisvolle Kraft edler Kristalle gehören zusammen. Magier haben schon immer Edelsteine verwendet, weil sich Edelsteine vom menschlichen Geist programmieren lassen. Und wie wir von Horus und Junow gehört haben, sind Kristalle "edle Gefühle höherer Wesen, Tränen Gottes".

Nutzen wir diese Verbindung, um von der härtesten Phase der Natur zu lernen, den mineralischen Kristallen, um mit dem feinsten und höchsten Teil der Natur in Verbindung zu treten:

Mit den Göttern reden, um zu lernen und um die Welt zu begreifen!

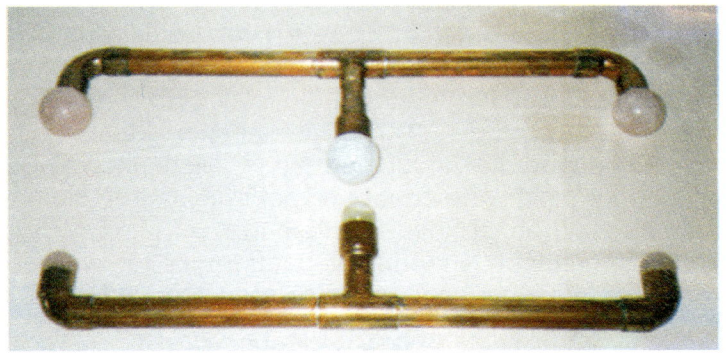

Durch rituelle Magie für die Festigung einer Partnerschaft können wir lernen, gemeinsam den spirituellen Weg zu gehen: 2 Zepter für Mann und Frau, mit je 3 Kristallkugeln. In ihrer Wirkung knüpfen sie bei den Kräften der afrikanischen Schamanen an. Sie können Dein Herz öffnen und beiden Partnern ein neues und tieferes Gefühl für einander geben. Verbindet die rituellen Übungen mit Tantra.

Zepter der Inkas mit einem Andenopal. Die Inkas sahen sich als "Söhne der Sonne". Sie sprachen mit den Göttern, mit den Sternen und mit den Steinen. So bewegten sie gigantische Felsblöcke von einem Berg auf den nächsten. Diese Art Zepter zieht Naturgeister an und beginnt zu leben. Es kann Dir ein treuer Freund in schwierigen Zeiten sein.

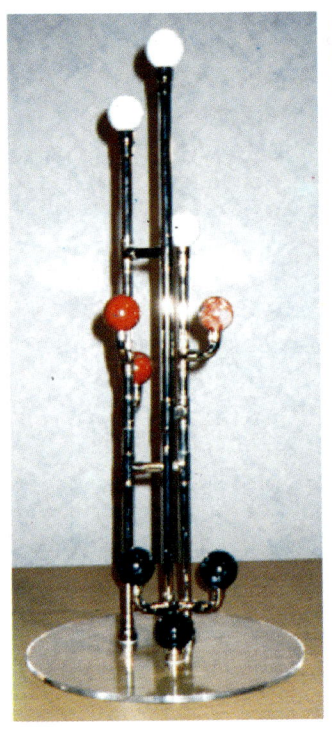

Mein Kugelbäumchen ist ca. 80 cm hoch. Es steht auf einer Acrylscheibe. Es besteht aus verschiedenen senkrechten Kupferröhren, vernickelt, sowie 12 Kristallkugeln, schwarz, weiß, rot und grün und neun Möglichkeiten, um Kugeln auf dem Baum zu plazieren. Sie sind nicht festgeklebt. Wenn wir die schwarzen Kugeln unten hineinlegen, die roten in der Mitte und die weißen oben, entsteht ein harmonisches Bild. Legen wir z. B. die grünen Jadekugeln (nicht im Bild) oben hinein, dann kann einem wirklich schlecht werden. Je mehr wir dunkle Kugeln nach oben verlagern, desto störender wird es. Offensichtlich gibt es eine Harmonie der Farben, die sogar Einfluß hat auf unser Gefühl für oben und unten, rechts und links. Das Kugelbäumchen ist ein attraktives Kunstwerk und zugleich ein lehrreiches Sensitivity Spiel.

Eine meiner Kristallblumen. Mit diesen Kunstwerken ahme ich die Wachstumsformen der Pflanzen nach. Das Interessante dabei ist, daß sie oben an den Kristallen sehr wenig Energie abstrahlen. Dafür ist an den Wurzelröhren eine deutliche starke Strömung, gleich einem Windhauch, zu fühlen. Offenbar entsprechen sie der Natur echter Pflanzen. Sie ziehen mit den Kristallblüten und Blättern Energie an und schicken sie in die Wurzeln, wo auch ihr Bewußtsein wohnt.

Bei Rudolf Steiner hatte ich gelesen, daß der Geist der Pflanzen in der Wurzel wohnt, weil sich bei allen Lebewesen die Geschlechtsorgane entgegengesetzt dem Kopf und dem Bewußtsein befinden. Da die Blüten die Geschlechtsorgane sind, muß sich das Bewußtsein der Pflanze also im Wurzelstock befinden. Tatsächlich kann man ja einer Pflanze oberirdisch sehr viel abschneiden, und sie kommt aus der Wurzel wieder. Das kann ich gut nachvollziehen. Sinnigerweise schenken sich Verliebte in großer Menge und mit großer Ausdauer die pflanzlichen Geschlechtsorgane. Außerdem ist mir natürlich bekannt, daß die Pflanzen oben mit ihren Blättern Energie sammeln und sie hinunter in die Wurzeln senden, wo ihre Reserven sitzen. Trotzdem war ich verblüfft, als ich an meinen Kristallblumen bemerkte, daß auch diese metallisch-kristallinen Gewächse genau wie richtige Pflanzen funktionieren, oben mit Kristallen und Metallblättern Energie sammeln und sie in ihre Wurzeln senden. Das ist meine Kunst, von der Natur lernen und es kreativ zum Ausdruck bringen...

Wenn es mir gelungen ist, Ihr Interesse für die Beschäftigung mit edlen Kristallen und für Ihre eigene, subtile Wahrnehmung zu wecken, dann hat mein Buch seinen Zweck erfüllt.

Wenn es Ihnen gelingt, Ihr Leben durch die Beschäftigung mit der Natur und mit Edelsteinen erlebnisreicher zu gestalten, dann ist das sehr schön.

Wenn Sie in Zukunft Begriffe wie Schamanismus, Magie und Ritual tolerant betrachten und vielleicht sogar bewußt anwenden, dann werden Sie ganz neue Horizonte entdecken und eine wirkliche Bewußtseinserweiterung erfahren. Wer versucht, z. B. Magie negativ anzuwenden, wird bald die Ernte erhalten für das, was er säht. Das universale Gesetz von Ursache und Wirkung, das Gesetz des Karma, läßt sich nicht betrügen. Was in unserer Welt Probleme bereitet, ist vor allem Intoleranz, Dummheit und Angst. Je mehr es uns gelingt, kreativ, schöpferisch und künstlerisch tätig zu sein, desto eher können wir unsere kreative Energie aktivieren und die Freude am Leben zu entfalten. Darauf kommt es an.

Die Kunst der Magie

Kunst ist also mehr als nur interessante Gestaltung und verblüffende Bilder. Kunst will etwas ausdrücken oder bewußt machen. Mit gutem Recht können wir also Kunst und Magie in eine direkte Beziehung bringen. Die meisten Relikte aus früheren Kulturen, die heute noch aufzufinden sind, haben einen religiösen Ursprung. Das Schönste, was das Christentum hervorgebracht hat, sind Bauwerke und Gemälde und nicht etwa eine bessere Welt, wie man es von einer Religion erwarten möchte. Auch die Magie will uns etwas begreifen lassen, will lernen, aufdecken und Erkenntnisse gewinnen. Magie möchte die Welt verändern. In der Verbindung mit der "Religio" (lat.: die Rückbesinnung!) ereignen sich in religiöser Hingabe die schönsten Eingebungen. Viele Künstler waren religiös motiviert. Der Magier seinerseits sieht die Notwendigkeit, seine Energie präzise auszurichten. Dafür ist es wiederum geboten, ungewöhnliche, neue Instrumente zu schaffen, die gerade wegen ihrer Originalität das Kriterium der Kunst erfüllen. Kunst heißt wachrütteln. In der modernen Form des Happenings haben Künstler in Aktionen Gedanken und Gefühle zum Ausdruck gebracht. Die lange Menschenkette durch ganz Süddeutschland, um gegen Atomkraft zu protestieren und den deutschen Wald zu retten war ein großes Kunstwerk und ein Happening. Es ist schon eine Kunst, so viel Menschen für eine Sache auf die Beine zu bekommen. Heinrich Bölls "Ende einer Dienstfahrt" ist ein Beispiel, wo Aktionskunst zum kreativ-politischen Instrument wird. "Das Boot aus Stein", das ein Künstler auf einem Gerüst in der Isselsee in Holland meißelte, um es dann zu versenken, ist eigentlich ein magischer Akt gewesen, der in seiner Art einmalig ist und Äonen überdauern kann.

Magie ist eine Kunst. Es gilt, das bisher Ungedachte zu denken, das noch nicht Existente zu schaffen, fremde Kräfte zu beschwören. Der Magier muß sich auf seine Aufgabe und sein Ziel konzentrieren. Er muß sich innerlich dem Gedankenbild nähern, aus dem dann ein gewünschtes Ergebnis hervortreten kann. Magische Kunst ist mehr als nur fantasievolle Betrachtung. Sie gibt uns Anregungen zum Entdecken, zum Nachdenken und weckt Gefühle, deren Tiefe wir nur ahnen können. Der Weg der inneren Erkenntnis führt durch die eigene Erfahrung und zur inneren Freiheit. Selbst etwas Neues zu erfahren, führt zur Erkenntnis und zur Unabhängigkeit. Wir können diesen Weg jeden Tag neu begehen und wir werden täglich neue Kräfte und neue Wege entdecken. Die Vielfalt des Universums rückt uns näher, ohne daß wir vorher sagen könnten, wohin uns unser Weg führt. Da uns die Worte fehlen, alle Beschreibungen vage bleiben, kann uns auch der eigene Verstand nicht im Wege stehen. Der Verstand kann diese fremden Welten und die neuen Erfahrungen nicht direkt interpretieren. So muß er sich zurückhalten. Das gibt uns die Chance, unsere Intuition neu zu entdecken und unsere innere Stimme neu zu beleben. Wir können unsere natürliche Neugierde wecken, die uns in immer neue, innere Welten führt. Die Welt, in der wir leben, hat uns noch viele wundervolle Erfahrungen zu bieten, wenn wir dafür bereit sind. Aus neuen Erfahrungen kann eine neue Lebensfreude entstehen. Und Freude am Leben, das Interesse zu leben, ist die beste Voraussetzung, um Schwierigkeiten zu überwinden und gesund zu werden.

Magische Kunst gibt keine Heilungsversprechen. Werden nicht auch künstlerische Elemente in vielen Therapien eingesetzt? Wer gesund wird, ist selbst schuld! Was sagte Jesus, als man die Lahmen zu ihm brachte? Doch nicht etwa, "Ich mache Dich gesund!" Nein, er fragte, "Glaubst Du, daß Dir geholfen werde?" Und als der Lahme antwortete, "Ja, Herr!" sagte Jesus, "Dir geschehe nach Deinem Glauben!" Also was ist da passiert? Eigentlich hat nicht Jesus die Lahmen geheilt, sondern er hat sie auf sich selbst, auf ihren Glauben, zurückgeworfen. Und wenn dieser Glaube, also die eigene I-magi-nation ausreichend stark war, dann warf der Lahme die Krücken weg, stand auf und wandelte.

"Wenn Du die Poesie deiner Seele vergißt, wirst Du krank." Drewermann.

"Ein Arzt, der sofort über dich herfällt, um etwas zu kurieren, ohne sich auf dich einzustellen und mit dir die Zusammenhänge zu erörtern: Fliehe diesen Arzt wie die Krankheit selbst!" Sokrates.

Ich habe mich bemüht, das alte Geheimwissen der Natur neu zu beleben, um es hier in Deutschland verfügbar zu machen. Es hat immer Menschen gegeben, die sensibler waren als der Durchschnitt. Manche Menschen haben eine Veranlagung für sensitive Wahrnehmungen. Sie fühlen die Gegenwart jenseitiger Kräfte. Sie können die Aura sehen oder die Geister der Verstorbenen. Sie fühlen die Gottgegenwart. Diese Menschen wurden zu Schamanen, Medizinfrauen, Heilern, Priestern und Magiern. Die Aufgabe des Hohepriesters im alten Persien, in der Zeit des Ahura Mazda, war es, die kosmischen Botschaften des Sonnengottes zu erfassen und den Menschen zu vermitteln. Der Hohepriester, der Magus, schuf sich verschiedene Zepter, magische Instrumente, eine magische Kopfbedeckung mit edlen Kristallen besetzt, und dann trat er mit den Göttern in Verbindung. Er begann zu channeln.

Die Vorstellung der modernen Wissenschaftler, daß in den alten Hochkulturen erst einmal einzelne Handwerkerschulen gegründet wurden, um dann nach und nach tausende von Steinmetzen auszubilden, die dann auch noch Architektur und die Hebelkräfte studierten, um schließlich mit vielleicht 20.000 Mann über einen Berg herzufallen und einen Tempel zu bauen, ist falsch. So kann es nicht gewesen sein.

Man schätzt den Steinbedarf der Cheops Pyramide auf ca. 2.300.000 Quader à 1.500 kg + zahlreiche riesige Deckensteine. Man schätzt die Bauzeit auf ca. 20 Jahre. Das sind rund 7.300 Tage. Dann hätte man innerhalb von 24 Stunden, also Tag und Nacht in einem durch, pro Tag ca. 315 Stück an Ort und Stelle schaffen müssen. Das sind 13 Stück pro Stunde. Wenn man aber doch wenigstens im Winterhalbjahr pro Tag nur 12 Stunden arbeiten konnte, dann wären das 26 Stück pro Stunde. Oder hatten die alten Baumeister schon Halogenstrahler mit Batteriebetrieb? Wenn ich mir überlege, daß diese riesigen Quader erst noch über

117

große Entfernungen von der anderen Seite des Nil
herangeschafft werden mußten, dann noch diese ominösen
schiefen Ebenen aufgeschüttet und wieder entfernt wurden,
dann bin ich echt beeindruckt von dieser archäologischen
Vorstellung. Ich schätze, die Vorstellung von Asterix und Obelix
in Ägypten ist genauso glaubwürdig. Man warf sich die Steine
zu und setzte sie ordentlich zusammen, dank Zaubertrank.
Wenn wir die Geheimnisse unserer eigenen Vergangenheit
erforschen wollen, dann sollten wir lernen im Akasha zu lesen.
Als ich mich im Frühjahr 1998 für neue Botschaften öffnete,
erhielt ich zahlreiche Anweisungen zur Konstruktion von alten
Zeptern und Geräten. Natürlich sehen diese Geräte jetzt
anders aus als vor 6.000 Jahren. Doch wenn wir so ein Zepter
in die Hand nehmen, dann stehen wir plötzlich wieder auf einer
Hochebene im alten Persien und zelebrieren die göttliche
Botschaft! Eines dieser Zepter traf sehr genau die Schwingung
einer Gruppe von Priesterinnen, die gerade dabei waren, kosmische Botschaften zu empfangen

und an Ihr Volk zu übermitteln.
Diese Bilder erscheinen nicht
Nur mir. Es waren schon mehrere Menschen hier im Institut,
die ohne Kommentare die
Gleichen Bilder sehen konnten:
Sieben Priesterinnen stehen auf
einer persischen Hochebene.
Sie stehen vor einer großen
Menschenmenge, vielleicht
8.000 Menschen, vielleicht noch
mehr. Die Priesterinnen haben
Alle ähnliche Zepter in ihren
Händen, den Blick zum Himmel erhoben. Die Menschen,
überwiegend Männer, befinden sich etwas tiefer und schauen
auf die Magiari. Die meisten sitzen auf dem Boden. Energie
beginnt durch die Priesterinnen zu fließen und wird direkt auf
die Menschen übertragen. Es ist sehr still, kein Wort ist nötig.
Nach etwa zwanzig Minuten ist die Übertragung beendet. Die

Menschen erheben sich und gehen fort. Sie sind belehrt worden. Jeder weiß, was er zu tun hat. Sie sind jetzt Handwerker. Sie kennen ihren Platz in der Arbeitsgemeinschaft. Sie beginnen Handwerkszeug zu schaffen und danach bauen sie einen Tempel. Wer die Botschaft nicht richtig umsetzen kann, versorgt die anderen mit Nahrung und hilft ihnen bei der groben Arbeit. Ich kann nicht sagen, woher diese Botschaften kamen. Aus dem Akasha selbst? Aber woher? Von den Sternen? Woher? Von den Göttern? Von den Ufonauten, unseren Brüdern im All? Ich muß diese Frage offen lassen. Doch die Bilder, die Gefühle, die ich hier empfange sind so faszinierend, daß ich sie niemals vergessen werde. In dieser· Zeit gab es keine Differenzen zwischen Männern und Frauen, zwischen Groß und Klein. Jeder erkannte und akzeptierte seinen Platz in der Gemeinschaft, und es war gut so. Es mag fast schon an einen Ameisenstaat erinnern. Aber wissen wir, wieviel Bewußtsein eine Ameise hat? Ich halte es vermessen, wenn wir uns selbst immer als die Höchsten betrachten. Wir Menschen haben einen begrenzten Horizont. Es mag sein, daß selbst unter einfachen Tieren oder Pflanzen eine Verständigung herrscht, die gar nicht so weit weg ist von uns Menschen. Nur verstehen wir sie nicht. Aber aus der Unfähigkeit zu verstehen, können wir nicht ableiten, daß da nichts ist. Haben Sie

einmal beobachtet, wenn z.B. eine große Krähe sehr zielstrebig von weither kommt und schnurgerade in eine ganz bestimmte Richtung fliegt? Wo will die denn so konkret hin? Ihre Sippe lebt doch wohl woanders. Futter gibt es überall! Also was hat so ein Vogel vor? Was treibt ihn auf so eine Reise? Vielleicht leben Sie in einer Stadt und haben das nie beobachten können. Ich habe mit Schamanen am Lagerfeuer gesessen, mit großen und kleinen Tieren gesprochen oder mit dem "Geist der Pflanzen". Es geht

nicht immer und mit allen Lebewesen. Manche reagieren nicht. Doch es ist alles möglich. Die wesentliche Aussage der Magie ist es, alles für möglich zu halten, frei zu kommunizieren, eine Auswahl zu treffen, was Du selbst willst, Deine Konzentration systematisch zu fördern. "Nichts ist unmöööglich...Toyootaa." Dieser Werbespruch ist auch ein Treffer, ein magisches Mantra, schlichtweg Kunst! Den kennt nach 3 Jahren praktisch jeder auf der ganzen Welt. "Und mit Geistesstärke tu ich Wunder auch!" Goethes Zauberlehrling. Alle spirituell Suchenden erkannten irgendwann, daß "Alles in Allem existiert" z.B. Hermes Trismegistos, der dreifache Meister aus Ägypten. Das bedeutet übrigens, daß er die 3 Welten meisterte: die materielle, die feinstoffliche und die geistige. Yogavasistha: "Wir erkennen, daß die Gedanken und Wünsche die Ursache des Weltenrades sind. Für den Unwissenden ist diese Welt ein Jammertal und erfüllt mit einer Menge schlechter Situationen, die er selbst durch sein unkontrolliertes Denken angehäuft hat. Für den Wissenden ist diese Welt reine Freude, die er genießen kann und die ihm doch nicht anhaftet, um ihn zu binden."

Magie ist eine Kunst, und Kunst kann Magie sein. Beides vermittelt Erfahrungen und Gefühle. Die Übergänge sind fließend. Die Kraft der I-magi-nation verbindet alles: All-es. Das All und das Sein. Kommen wir noch einmal auf die Kunst der Magie zurück. "Magie reduziert die Welt auf 1," sagte Aleister Crowley, "Yoga reduziert die Welt auf Null. So geht Yoga noch einen Schritt weiter als Magie!"

Wenn Du Dein Leben meistern möchtest, dann bringe etwas Magie in Dein Leben. Lerne das geheimnisvolle Wirken des kosmischen Geistes in Allem zu sehen. Du kannst mit Deinen Pflanzen reden. Also warum nicht mit Gott? Gehe an die Quelle zurück und hole Dir Deine Anregungen im Zentrum Deines wahren Wesens, in Deinem Herzen findest Du ebenso wie im 7. Chakra einen direkten Kontakt zum allerhöchsten, göttlichen Bewußtsein.

Die negativen Berichte über Magie, die Verbindung von Magie zu den dämonischen Kräften, die schrecklichen Berichte über die Beeinflussung von Menschen durch böse Magie, schwarze Messen usw., das sind alles düstere Propagandageschichten von schlechten Leuten, die sich selbst hochloben wollen und deshalb andere schlecht machen. Das Christentum hat alle anderen Kulturen verteufelt, mehr Menschen ermordet als jede andere Religion und lästert über die Naturreligionen, die niemals versucht haben, die Welt zu kolonisieren. Man importierte Indianer nach Spanien als originelle Tiere! Jeder, der es wagte, dieser gewalttätigen Eroberungsreligion zu widerstehen, wurde dämonisiert und verteufelt. Wenn Du Deine eigene geistige Freiheit entfalten willst, dann kannst Du dich ohne Risiko mit Magie beschäftigen, solange Du einen einzigen Grundsatz beachtest: "Tue Gutes, verletze niemand, auch nicht Dich selbst!" Künstlerische Gestaltungen aller Art können Dir helfen, Dein inneres Wesen auszudrücken. Sie schaffen Aufklärung über Dich und Deine Rolle im Leben. Und wenn Du bereit bist, auf Deine Intuition zu hören, dann beginnen Naturgeister und Götter mit Dir zu sprechen. Fasse es in Worte, in Bilder, in Skulpturen. Bringe es "in den Ausdruck!"

Pflanzenmagie
Wenn ich mit Pflanzen reden möchte, dann gehe ich in die Natur. Ich esse ein kleines Blatt von der ausgewählten Pflanze. Dann verreibe ich etwas Pflanzensaft auf meiner Stirn, auf dem

3. Auge. Ich lege mich zwischen gesunde Pflanzen dieser Art oder umarme einen Baum. Ich lege eines seiner Blätter auf mein Halschakra. Ich gehe in Trance, lasse die Außenwelt zurück, tauche ein in die inneren Welten und bitte die Pflanze, mir den Weg zum inneren Garten, der geistigen Heimat ihrer Art zu zeigen. Irgendwann taucht ein "Garten" auf, in dem es nur

diese Pflanzen gibt. Unter ihnen ist eine besonders große, die "Königin" oder der "König". Hier bitte ich um Belehrung, um Aufklärung. Einen Teil begreife ich direkt. Ich erhalte Bilder, Gefühle, Informationen. Irgendwann kehre ich zurück in die irdische Welt. Hier lege ich vorher einen Zeichenblock, Ölmalkreide und Kuli bereit. Ich beginne die Bilder zu zeichnen, mache Notizen. Dabei werden weitere Aspekte klar. Hinterher weiß ich sehr genau, wozu die Pflanze gut ist, welches ihre Rolle in der Natur ist, was sie uns Menschen geben kann, und was wir vielleicht für sie tun können.

Magie mit Menschen

Auf die gleiche Weise kannst Du mit Magie lernen, andere Menschen zu verstehen und zu durchschauen. Wenn Du erst einmal diese feinstoffliche Wahrnehmung trainiert hast, kannst Du aus einem persönlichen Gegenstand eines anderen Menschen "herauslesen" was mit ihm los ist. An einem kleinen Schmuckstück können wir fühlen, wer es getragen hat, wo es herkommt, seine Geschichte, die Geschichte des Besitzers, ob er oder sie gesund ist usw. Es ist alles da. Schau nur genau hin, fühle Dich hinein! Wenn Du wissen willst, was mit einem Gegenstand los ist, eine Medizin, eine Pflanze, ein Edelstein, dann mache Deine Meditationsübungen, lege Dich ruhig irgendwo hin und lege den Stein zuerst auf Deinen Solar Plexus. Achte auf die Reaktionen, die von innen kommen. Später legst Du den Stein auf das 5. Chakra am Hals, danach auf die Stirn. Du wirst verschiedene Informationen bekommen. Nimm sie alle zusammen und forme ein Bild daraus. Dann weißt Du sehr gut über den Stein, oder was auch immer Du getestet hast, Bescheid.

Schutz durch Magie

Im Text waren bereits eine ganze Menge Hinweise, daß wir Edelsteine verwenden können als Talisman oder als schützende Halskette, die uns von der Umwelt abschirmt. Dieser Effekt kann so stark sein, daß die Außenwelt geradezu hinter einer Art Energieglocke verschwindet, nur weil wir eine

bestimmte, gut geeignete Kette umlegen. Zuerst solltest Du die Kette mit Bedacht auswählen. Mit einer braunen Jaspiskette kannst Du z. B. "Teil der Erde" werden. Du wirst "zu Erde". Damit bist Du nicht mehr so real anwesend und für fremde, vielleicht negative Gedankenkräfte nicht erreichbar. Lege die Kette immer dann um, wenn Du dich zurückziehen willst, wenn Du Schutz brauchst, Dich angegriffen fühlst, belästigt wirst usw. Lege die Kette wieder ab, wenn Du voll da bist und aktiv am Leben teilnehmen willst. Wenn jemand eine besondere Kette nur für besondere Anlässe trägt, dann wird die Kette zu etwas ganz Besonderem und bereits der Anblick der Kette stimuliert Dich in der gewünschten Weise. Wenn man so eine Kette oder ein Amulett ständig trägt, dann wird es alltäglich. Viele Frauen beachten intuitiv diese Regeln. Sie wissen es einfach "von innen heraus".
Wenn Du Deine Kräfte regenerieren willst, dann trage z.B. Granat. Wenn Du mehr Erotik brauchst, trage als Frau Rubin, als Mann vielleicht Smaragd. Dann bist Du der Eroberer. Die Einzelheiten findest Du vorn in meinem Edelsteinlexikon. Weitere Gedanken kann sich jeder selbst machen. Passende Ketten gibt es überall im Handel. Eine große Auswahl findest Du in Idar Oberstein.

Der magische Kreis
Wenn jemand Probleme hat, sich zu beruhigen, wenn ihn seine innere Unruhe ständig bewegt, keine Meditation aufkommen will, dann kannst Du Dir selbst oder einem Freund gut mit einer Hand voll Edelsteine helfen. Das kann man nun verschieden anfassen.
Wenn sich solch eine Situation zufällig ergibt, ohne jede Vorbereitung, dann suche einfach alle Edelsteine zusammen, die Du im Haus finden kannst und lege auf einem Teppich, um die zu schützende Person, einen Kreis. Gehe dabei ruhig im Uhrzeigersinn um die Person, lege die Edelsteine in etwa gleiche Abstände und stellt euch bitte beide vor, daß dadurch ein schützender Kreis aufgebaut wird. Es funktioniert! Dann, wenn die Testperson zur Ruhe kommt, kannst Du dich am

Besten auf die rechte Seite daneben setzen, ebenfalls auf den Teppich. In einem Zwiegespräch kannst Du jetzt die geschützte Person nach ihren Problemen und nach der Ursache ihrer Unruhe befragen. Der Steinkreis kann sehr wohl fremde, negative Gedanken unterbrechen und die Person im Kreis kann sich plötzlich ganz anders als noch kurz zuvor, ohne den Schutzkreis, über ihre Stimmungen äußern.

Wenn eine Person unter Besetzungen, unter Besessenheit leidet, dann kann es sein, daß sie zuerst so eine Zeremonie haben möchte, um zu sich selbst zu finden. Wenn der Kreis zu wirken und sich zu schließen beginnt, kann es zu emotionalen Ausbrüchen können, weil die negativen Kräfte an dieser Person zu toben beginnen und ihre Macht behalten wollen. Ist der Kreis dann geschlossen, bricht der negative Einfluß zusammen. Vielleicht schläft die Person spontan tief und fest ein. Sie muß sich erst einmal von diesem "Schock der Befreiung" erholen. Ähnliche Reaktionen bekommen wir, wenn Menschen ein großes Dimensionstor benutzen. Auch hierbei kommt es manchmal zu massiven Konflikten, wenn ein Mensch besessen ist. Besessenheit? Na, haben Sie schon einmal erlebt, daß jemand anderes oder auch Sie selbst irgend etwas tut, was er gar nicht tun will, was er sofort hinterher bereut? Sie zerstören vielleicht selbst durch schlechte Worte ihre Ehe? Sind Sie das eigentlich selbst? Sie sollten die Möglichkeit unbewußter, negativer Einflüsse sowohl von lebenden, als auch von verstorbenen Menschen, in Ihre Überlegungen einbeziehen. Nur wenn es für uns keine Tabus gibt, wenn wir alles für möglich halten, können wir diese Welt durchschauen und begreifen. Und nur dann finden wir für alle Aufgaben auch die passenden Lösungen. Ich habe einmal eine junge, vitale Frau therapiert, die lebenslustig und stark war und trotzdem keine Kinder bekommen konnte. Es war nicht möglich, die Ursache ihrer Blockade aufzuspüren. Sie wirkte manchmal schwermütig. Dann erinnerte ich mich an den magischen Steinkreis. Ich erläuterte ihr meinen Plan, baute in meinem Yogaraum einen Steinkreis um sie herum auf, sie verdrehte die Augen, begann furchtbar zu toben, konnte aber den Kreis nicht verlassen, und ich fragte mich "Was tun?" Offenbar war der Kreis nicht stark genug. Die fremde Kraft hatte sie noch im Griff. Sie war in einer Art Trance. Da fiel mir mein kleiner Taschenrechner ein. Ein Gerät von Casio, das ein spezielles Biorhythmusprogramm beinhaltet. Das sind doch kosmobiologische Funktionen, dachte ich! Ich legte dieses Gerät mit in den Steinkreis. Die junge Frau stöhnte noch einmal gequält auf und schlief dann tief und fest ein. Nach einer Stunde erwachte sie. Sie wirkte 10 Jahre jünger (20 statt realen 30 Jahren). Sie hatte in einer Vision mehrere frühere Leben durchlebt, als sie mehrmals als Hexe verbrannt wurde, u.a. weil sie ein illegales Kind bekam, dann wieder als Nonne ein Kind bekam, dann ein anderes Leben, wo man sie zu Tode vergewaltigte, einmal als Indianerin, als die Weißen ihre Kinder und dann sie selbst abschlachteten. Das Drama in ihrer Seele war so groß, daß es ihr wirklich unmöglich war, ein Kind zu bekommen. Teile der düsteren Kräfte, die ihr vor Jahrhunderten diese Gewalt antaten hingen noch an ihr.

Sie erkannte sogar ihren Freund als einen der früheren Peiniger. Wenige Wochen nach diesem Ereignis lernte sie ihren jetzigen Mann kennen, und bereits 3 Monate später war sie schwanger und bekam ein gesundes, kräftiges und sehr fröhliches Mädchen. Ein echtes Power-Mädchen!

Was ihr Hilfe brachte, waren nicht die üblichen Methoden von heute, sondern ein schamanistisches bzw. magisches Steinkreisritual, in das ich noch eine neue "Unbekannte" einführen mußte. Nur wenn wir in der Lage sind,

Diese Kristallzepter arbeiten mit dem Licht der Sonne. Sprich mit der Quelle unseres Lebens!

unkonventionell zu denken, werden wir immer wieder die richtigen Lösungen für die Rätsel finden, die uns das Leben stellt (damit es nicht langweilig wird auf Erden). Wenn es Dir möglich ist Vorbereitungen zu treffen, wenn Ihr euch vielleicht von Zeit zu Zeit in einer Gruppe trefft und mit derartigen Erfahrungen experimentiert, dann solltet Ihr für diesen Zweck eine ausgewählte Kollektion von Edelsteinen, Kristallstäben, Orgonstäben usw. anschaffen und gezielt und intuitiv einsetzen. Die im Feng Shui beschriebene Anordnung von 4 senkrecht aufgestellten Kristallstäben ist z.B. ein sehr massiver Schutz vor fremder Energie. Diese Methoden können vielfältig ausgebaut und erweitert werden. Die Anwendung von ätherischen Ölen, Bachblütenessenzen, Räucherstäbchen u.a. esoterischen Artikeln kann eine intensive spirituelle Atmosphäre schaffen, die Euch der alltäglichen Realität entrückt und in eine ganz besondere Stimmung bringt. Die hier beschriebenen Maßnahmen sind Rituale. Sie dienen der Abschirmung nach außen und der Konzentration nach innen. Das führt zu einer besseren Selbsterkenntnis und zu einer Festigung der Persönlichkeit. In der Interaktion zwischen uns, Edelsteinen und magischen Geräten werden ganz neue Möglichkeiten sichtbar, an die vorher noch niemand gedacht hat. Mit den Energiepyramiden des Horus und den Kristallstäben haben wir seit einem Jahrzehnt viele wundervolle Erfahrungen gemacht. Sie bringen eine spirituelle Atmosphäre in jedes Haus. Bei einem sensitiven Betrachter kommt es zu bemerkenswerten Reflexionen zwischen ihm und der Pyramide. Der beste Schutz gegen negative Einflüsse aus dem Jenseits ist eine Energiepyramide Modell C mit Amethyst-Kristallachse (Foto S. 127). In den letzten Monaten wurde ich immer stärker an die Zeit erinnert, als ich mit verschiedenen Schamanen deren traditionelle Rituale vollzog (1982-84). Dabei wurden Kräfte freigesetzt, die jeder normale Mensch in das Reich der Phantasie verweisen würde. Seit diesen Einweihungsriten sind 17 Jahre vergangen. Jetzt treten Bilder in mein Bewußtsein, die ganz neue Perspektiven schaffen. Natürlich leben wir heute in einer völlig veränderten Zeit, aber

die geheimnisvollen Prinzipien der Natur sind seit Atlantis die gleichen geblieben. Wenn mich diese Stimmungen überkommen, Gefühle, als wenn Raum und Zeit konvergieren, dann treibt es mich in meine Werkstatt. Ich bringe die Symbole, Bilder und Gefühle in Form. In meiner schamanistischen Lehrzeit habe ich gelernt, mit den verschiedenen Elementen zu arbeiten, Feuer, Wasser, Erde, Luft und Äther.

Das sind die neuen Wege, die ich Dir aufzeigen möchte, Wege, um neu Gefühle zu wecken, um eine neue Saite in Deinem Lichtkörper zum Schwingen zu bringen. Man braucht ein besonderes Herz, um in die Dinge zu schauen. Doch wenn es einer getan hat und mit seinen Impressionen seine Gefühle und die göttlichen Eingebungen Form werden läßt, dann können andere Menschen sich da hinein begeben, die eingefangenen Kräfte wecken und sie immer wieder aufs neue hervorzaubern. Das ist wahre Kunst, das ist Magie!

Wenn wir uns diesen Gedanken hingeben, erwachen neue Ideen im Betrachter, die ihn vor neue Rätsel stellen, die ihm zeigen, daß unser Leben noch ganz andere Dimensionen hat. Seine Neugier wird geweckt, vielleicht wird er zum Lachen gereizt, ist verdutzt und letztlich beglückt, weil wir ihm helfen, die Langeweile seiner gesellschaftlichen Routine zu durchbrechen. Nur wenn unser Herz berührt wird, entsteht neues Leben.

Vorsicht: Das Leben ist gefährlich. Es führt zum Tode.

Bei echten Schamanen, Magiern, Alchimisten und Yogis ist
das jedoch nicht ganz sicher.
Vorsicht: Die Nutzung dieses Wissens führt zu geistiger
Unabhängigkeit.
Das Prinzip: Erkennen, benennen, akzeptieren, konsequent
handeln, erfolgreich Sein!

"Das ist wahre Magie:
Daß Deine Werke Gott gefallen
Und den Menschen dienen!
Das ist Dein Auftrag: Bedecke Die Erde mit Leben!
Das Leben auf Erden erhalten und mehren ist Euer
Auftrag. Richtet es euch schön ein auf Erden!"
Horus

Wohin Du Deine Aufmerksamkeit richtest,
Dorthin fließt Deine Energie.
Achte auf Deine Gedanken,
sie können Wirklichkeit werden!
Deine Gedanken von heute
Sind Deine Wirklichkeit von morgen.
Denken kannst Du, was Du willst,
ernten mußt Du, was Du gesät hast.

Hier entsteht die Zukunft

Die größte Energiepyramiden-Anlage der Welt steht
auf Le Braquet in den französischen Pyrenäen. 7 Energiepyramiden
und ein Dimensionstor mit Kristallachsen geben der Welt einen neuen Impuls.